9つのケーススタディで学ぶ

地主必見!

土地のお悩み解決メソッド

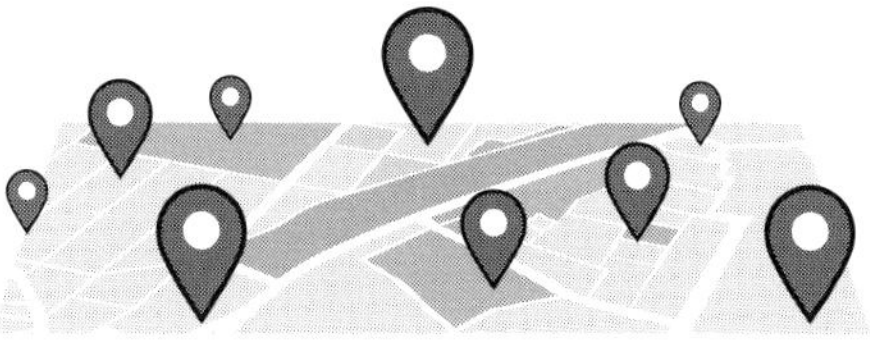

小山陽一郎

KOYAMA YOICHIRO

幻冬舎MC

地主必見！

9つのケーススタディで学ぶ
土地のお悩み解決メソッド

プロローグ

先祖代々の土地を守ってきた地主にとって、土地は後代に引き継ぐべき大切な財産です。たとえ、固定資産税がかかるばかりで収益につながらない土地だとしても、売り払ってしまえばいいという単純な話ではありません。多くの地主は、自分の代で終わらせてはいけないという使命感にも似た思いを抱きながら、「土地なんてないほうがましだ」などと時にはぼやきながらも、少しでも資産を減らさずに次代へ引き継ごうと頭を悩ませているのです。

例えば、地主・借主間での合意のうえで成立する地代の値上げ交渉はそういった悩みの種の一つです。特に契約が旧借地法に基づいている場合、問題はこじれがちです。

旧借地法とは1921年から1992年まで適用されていた土地に関する法律です。地主よりも弱い立場にある借地人保護の観点から制定されたものです。そのため、この法律では正当な事由として認められない限り、地主の都合で契約の更新を拒絶したり、土地の返還を求めたりできません。いわば半永久的に契約が更新されることになり、地主にとって不利な状況が多く発生するようになりました。そこで地主と借地人が平等な権利を主張できるよう、1992年8月1日に制定されたのが新法借地権（借地借家法）です。

しかし、地主の土地の多くは古くから代々受け継いできたものがほとんどです。そのため旧借地法で契約を交わしている土地が多くあります。旧借地法に基づいて契約している場合、地価上昇に伴って値上げを打診しても、交渉がこじれて借地人が法律を盾に値上げを受け入れてくれないと、地代は安いままとなってしまいます。そうなれば、地価に応じて上がる固定資産税の負担が地主に重くのしかかってきます。やがて土地を維持できなくなり、代々受け継いできた大切な資産を手放さなければならないという最悪の事態に追い込まれかねません。

借地人とのトラブル以外にも、地方の地主ならではの悩みはあります。

例えば、土地の活用です。土地はもっているだけでも管理費用や固定資産税など、常に支出が発生します。そこで土地にアパートなどを建てたり、駐車場にしたりすることで土地活用をする地主は多いものです。土地の維持にかかる費用を賄うために必要な措置ですし、次の世代に引き継ぎやすくしておくことは、当代の地主の義務ともいえます。

しかしアパートの老朽化や、近隣に賃貸物件が増えるなどして空室が増えてしまった、または周囲の環境変化により駐車場の需要が低くなってしまったなど当初計画していた収益が得られなくなり、悩みを抱える地主も少なくありません。

また代々の地主として、スムーズに土地を引き継ぎたいと考えていても、さまざまな種類の土地を多くもっていればいるほど、ベストな選択をするのは難しくなります。生前に多くの相続人に配慮して対策したつもりでも、結果として多額の税金がかかってしまうようでは資産としては目減りしてしまいますし、それがもとで親族間でのトラブルにつながりかねません。

このように、地主は相続や税金対策、収益改善などのさまざまな悩みを抱えています。こうした地主ならではの問題の多くは自分一人で解決するにはハードルが高く、実際に自力で対策をとっても状況は悪化するだけで、心身ともに疲弊してしまうケースが少なくないのです。一方で高い専門性をもつ不動産コンサルタントなどのプロに依頼する場合、一定期間の付き合いを重ねて信頼関係を築かなければ、地主側が抱えている固有の問題を解決するのは難しいといえます。

私の会社はさいたま市を中心に1952年の創業以来、地域密着で不動産コンサルタント業・賃貸管理業を主として展開しています。目先の利益ではなく、顧客ファーストを貫いてきた結果、親子三代にわたるお付き合いをいただくなど信頼を集め、埼玉県地域でも最古参の不動産業者の一つに数えられる存在です。

そんな私たちが常に大切にしていることは地主一人ひとりに寄り添い、最新の税制情報や資産状況に応じて最適な相続や税金対策、収益改善を提案するということです。

一口に地主といっても、それぞれの土地の価値や状況、親族の事情、地域の人間関係などは当然異なります。これらの要素を踏まえ、不動産コンサルタントなどのプロが丁寧なヒアリングを重ね、時には仲介役として当事者それぞれの交渉を行うことで、ようやくべストの解決策を導きだせるのです。

本書では、私たちが実際に解決してきた事例をもとに、地主の皆さんが抱えがちな土地のトラブルや悩みについて、９つのケーススタディに分類して、それぞれの解決メソッドをまとめています。

この一冊が一人でも多くの読者にとって解決の道しるべとなれば、著者としてこれ以上にうれしいことはありません。

目次

PART 2

地域密着の不動産コンサルタントこそがその地域に暮らす地主を幸せにできる

PART 1

悩める地主を救う！
９つのケーススタディで学ぶお悩み解決メソッド

悩みを解決する地域に精通した不動産コンサルタントの存在

不動産に関する知識は複雑で、一般の人より土地になじみのある地主でも知らないことは多くあると思います。不動産に関する書籍やセミナーは多数あり、そこから有益な知識を得ることは可能です。しかし、いつでも気軽に質問や相談ができるパートナーが身近にいれば何より心強いに違いありません。

このような不動産に関するパートナーに不動産コンサルタントがいます。不動産コンサルタントは仲介業者や売買業者とは異なる役割をもっています。例えば、不動産、相続、税金など複数の問題が絡み合って、どの専門家に相談すればいいのか分からないときに役に立ちます。

不動産コンサルタントは不動産の総合デパートのような存在で、税理士や弁護士など各専門家をつなぐ窓口となり、幅広い知識を提供することができるのです。

ただし不動産コンサルタントを選ぶ際は、自分がもつ土地の地域性や個別性を理解している不動産コンサルタントを選ぶことが大切です。というのも、地主のもつ土地はディベロッパーなどの事業地とは異なり、代々その地域で根を張り、長く守ってきた土地です。その活用方法は、その地域の文化や風土などで大きく変わります。

こうした地域の情報を知ることが、地主の生き方を左右するといっても過言ではありません。そのため地主の相談相手も、当然地域に精通した不動産コンサルタントでなければ務まりません。

では、地域に精通した不動産コンサルタントはどのように地主の困りごとと向き合っているのか、本パートでは地主にとって代表的な９つのお悩みケースを用いて解説していきます。

CASE ①

老朽化物件の売却と新規購入の「資産組み換え」で収益改善

●賃貸アパートの老朽化と売却による収益の低下

Aさん：貸家や駐車場を所有する地主

Aさんは、平屋建ての貸家3棟と、5台の駐車場を所有する地主です。貸家のうちの1棟は築年数が40年を経過しており、老朽化によって雨漏りが頻繁にありました。このような老朽化の影響で修繕費がかかることから、他社の管理会社に勧められて貸家3棟すべてを解体しました。その後、所有する隣地と合わせて駐車場にすることを提案され、駐車場を15台分増設しました。

しかしこの土地は駐車場を運営するには難しいエリアでした。なぜなら駅から徒歩20分以上かかる立地で、戸建住宅が中心であり、その戸建住宅のほとんどにすでに駐車場が設置されていたからです。つまり、月極駐車場のニーズが従来高くないのです。

駐車場を増設する前、つまり貸家をしていた際には、次のような収入がありました。

貸家：１棟の家賃月額７万円×３棟で、月額21万円の収入
駐車場：１台の駐車場月額５０００円×５台で、月額２万５０００円の収入
合計金額：月額23・５万円

しかし新しく駐車場を増設したものの、駐車場の需要がなく、30％しか稼働しませんでした。その結果、次のような形で賃料が減額してしまいました。

駐車場：１台の駐車場月額５０００円×20台で、月額10万円
駐車場の空き損失：70％（14台）、つまり30％（６台）しか駐車場が稼働していない

図表1

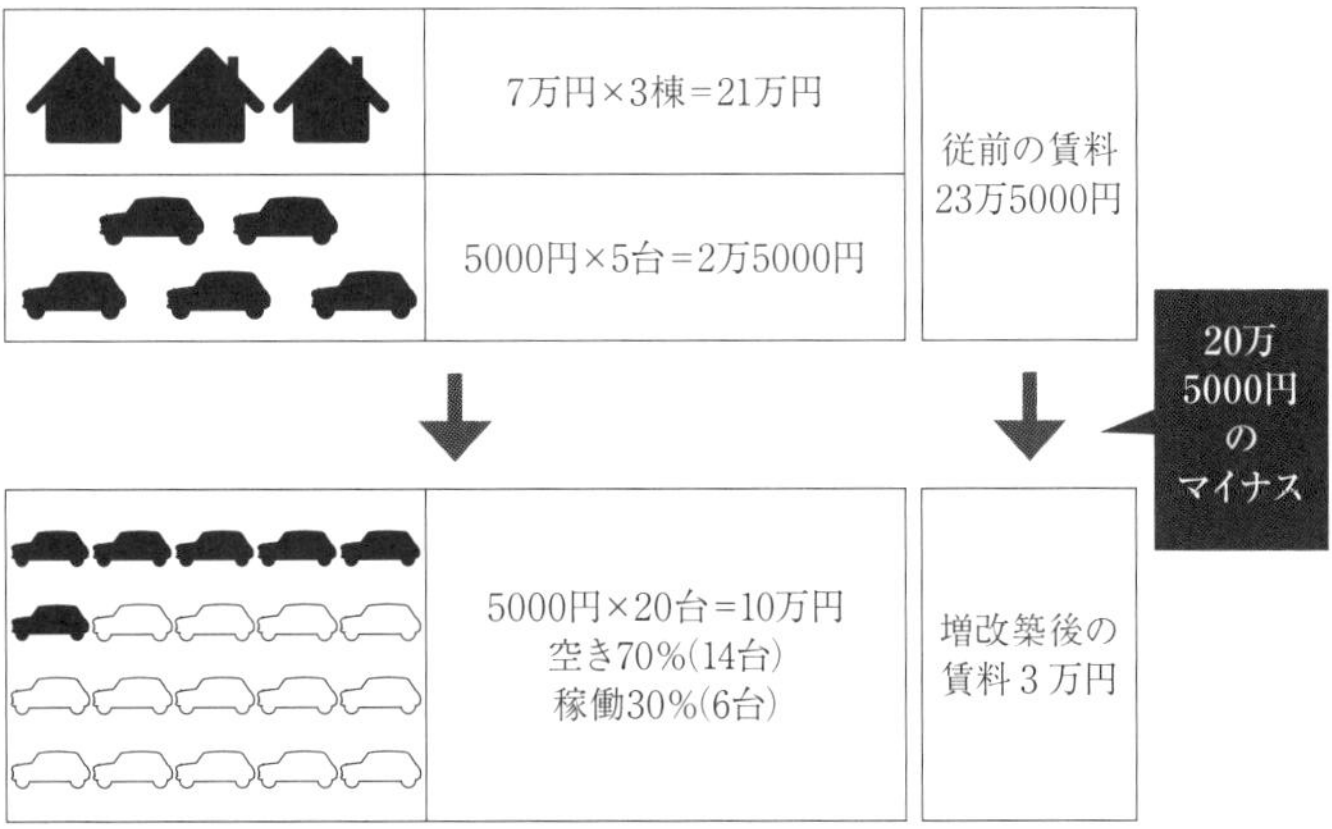

著者作成

合計金額：月額3万円

従前の賃料：月額23・5万円－増改築後の賃料：月額3万円＝月額20・5万円のマイナス

このように貸家の賃料収入がゼロになったことに加え、建物が土地の上に立っている状態である建付地から、駐車場（更地）に変更したことで、土地に課される税金が従前の6倍になってしまいました。さらに駐車場を造成するために借入をしており、その返済のための利息も増加。結果的には収支がマイナスになってしまうという、不幸な事態を招いてしまいました。

そこで、私はさらなる資産の組み換えを提案しました。当該地は駅徒歩圏から離れたエリアで、しかもある程度の規模があるので、事業用地として売却が可能です。その売却金額を元手に、借入をすることなく、駅近エリアの物件や土地を購入していくことにしました。駅近であれば、資産価値が下がりにくく、現在よりも家賃収入が上がることが想定されます。つまり収益性がアップするのです。また、そうした土地はいつでも売却できますので、何かあったときにも迅速に対応できます。

また、更地ではなく、区分所有のマンションや、戸建住宅を購入する形で資産を組み換えると、駐車場を所有しているよりも固定資産税の負担が減ります。先々に相続が発生することになっても、更地よりも土地に建物が建っている建付地のほうが税負担は減ります。なぜなら固定資産税評価額が下がるからです。結果的に相続税の負担が減り、将来の相続対策にもなります。

以上のような構想で、資産の組み換えをしていきました。

図表2

	駐車場 200坪	賃貸用 戸建住宅1棟	利益
売買	7500万円で 売却	5000万円で 購入	＋ 2500万円
賃料収入 /月額	3万円	20万円	＋17万円

著者作成

（売却資産）
土地面積：660㎡（200坪）
賃料収入：合計金額：月額3万円
固定資産税評価額：5000万円
売却価格：7500万円

（購入資産）
購入資産：賃貸用戸建住宅1棟（駅徒歩圏）
購入代金：5000万円
賃料収入：月額20万円
固定資産税評価額：2650万円

この組み換えによって、賃料収入は月額3万円から月額20万円と、以前のおよそ6・7倍になりました。さらに、駐車場時の固定資産税評価額が5000万円だったのに対して、戸建住宅は2650万円と、約半分に圧縮されました。しかも売却価格が7500万円に対して、購入代金が5000万円なので、2500万円もの利ざやが出ました。

●アパート老朽化でぶつかる三者択一の壁

Aさん：アパートの修繕か、資産組み換えか、建て替えかを検討中の地主

Aさんは築40年の賃貸アパートを複数所有する地主です。そのうち1棟の建物が、雨漏りや漏水が発生するなど、特に老朽化が進んでいます。そのため大規模修繕をするか、資産を売却して組み換えるか、建物の建て替えをするかという検討を始めました。物件の詳細は次のとおりです。

・築年数40年の2階建て賃貸アパート16室
・土地面積100坪

・家賃が安く1室4万円
・社会的に住居確保が困難な、住宅確保要配慮者が8割居住
・居室内の水回り設備や外壁などに故障部分が増加
・建物の大規模修繕と、水回り設備の修繕が必要な状況

修繕をする際には、考慮しなくてはいけない点が2つほどありました。1つ目は40年という築年数です。今から屋根や壁などの修繕をしたとして、いったいこのあとどの程度の年月賃貸が可能か……築40年と、アパートとしての耐用年数はすでに超過しています。つまり現実的な賃貸可能期間はほとんど残っていません。それに対して多大な大規模修繕費をかけても、その費用を今後の家賃収入から回収することができるのか、非常に悩ましい問題でした。

2つ目は、居室内の水回り設備の修繕です。この物件は家賃が低廉なことから、満室入居が継続しており、住宅設備、特に水回り設備の劣化が非常に早く進んでいました。漏水も頻発していたため、入居者や維持管理のことを考えると交換するのが望ましいのです

が、問題は費用です。ユニットバスを交換すると、そのコストは一室あたり１００万円程度。すべての部屋のユニットバスを交換すると、一室１００万円×16室＝１６００万円がかかります。ここまで莫大な費用となると、仮に途中で賃貸アパートを壊して建て替えようとなった際に、投じた修繕費が回収できなくなることが予想されました。

そこで、次の理由から現在の居住者に立ち退きをしてもらい、建て替えをするという提案をしました。

・土地面積が１００坪あり、同規模の土地に組み換えることが難しい
・満室稼働中なので、居室内の修繕をするのに時間がかかる
・大規模修繕や居室内部の修繕をしても、修繕費用を回収できるほど、家賃収入がない
・オーナーが大規模修繕費の積み立てをしていなかった
・借入金がすでにない

そこで私が主導し、居住者との立ち退き交渉を行いました。無事、８カ月ほどで全員退

去してもらいました。同時に新築アパートの建設計画を立て、トータル2年ほどで居住者の立ち退き、建物の解体、新築建物建築の全工程を完了しました。新築になったことで家賃は2倍となり、収益の改善も図ることができたのです。

今回は建て替えという方法を取りましたが、よりリスクが低く、一般的なのが「資産の組み換え」です。

【解説】資産組み換えの応用テクニック

●収益力が低下した資産を放置し続ける地主が意外と多い

賃貸住宅を所有する地主は現在転機を迎えています。日本では高度経済成長期、都市復興・市街地形成のために、多くの宅地開発を行いました。私が賃貸管理業に携わり始めたのは、まさにこうした新築物件の宅地開発および賃貸住宅開発が活況化していたときです。それから30~50年ほど経過しているこれら賃貸住宅は、もちろん大規模修繕は実施していますが、入居者の客層の変化や、築年数の経過によって、賃料が大幅に下落していま す。また空室率も上がり、空室が常態化するなどといった形で、収入が下落の一途をた どっています。一方で、大規模修繕や小修繕が重なると、維持管理の費用も雪だるま式に 増えていきます。こうした築年数の古い物件をもつ地主によくあるのが次のような点で す。

・これまでの収支がどんぶり勘定
・資本的支出（長期修繕費用）などを積み立てていない
・敷金を預かっていない

このような状況下で建て替えをしようとすると、新たに借金を背負うことになるため、 地主は二の足を踏んでしまいます。そして、そのまま放置していることが多いのです。本 当は建て替えをすれば家賃は1・5倍から2倍くらいには増加します。ですが、リスクや かけるコストに対してどの程度ヘッジができるかが見えないため、現状維持で放置しているのです。また、先祖から受け継いできた資産を手放すことはできない、だから運用状況が悪くても所有し続けているという声も多く聞きます。

これまでの事例に共通するのは、修繕、建て替え、資産の組み換え、どれを選択しても費用が発生するという点です。そもそも、この3つの選択肢があることにすら気づいていない人が多いのが現状です。したがって、まずはこうした選択肢の存在を知るべきだと私はいつも言っています。そして、自分の所有している資産の現状を把握するというのが次のステップです。

●資産組み換えの適切なタイミング

所有している賃貸マンションなどの不動産資産の組み換えは、どのようなタイミングで行うべきかというと、私は次のような状況のときに行うのが適切だと考えます。

①建物の減価償却期間が終了したタイミング

減価償却費という経費が計上できなくなると、不動産の節税メリットがなくなり、税金の納付が増える恐れがあります。したがって減価償却期間が終了したタイミングで、その不動産を売却し、新たに減価償却を計上することができる不動産に組み換えるのが税金対策的には賢い方法です。

②融資の利息返済割合よりも元金返済割合が大きくなったタイミング

融資を利用して購入した不動産は、いわゆる「デッドクロス」になるタイミングでも、売却・資産組み換えを検討することが望ましいです。

不動産における「デッドクロス」とは、「実際にキャッシュアウトしていないが、経費として計上できる減価償却費」を、「実際にはキャッシュアウトしているのに、経費として計上できないローンの元金返済額」が上回ってしまう状態のことをいいます。

ローンは元利均等返済で借入をする場合が多いため、返済当初は、ローン返済に占める利息返済の割合が大きいのですが、徐々に、元金返済の割合が増えていきます。減価償却費がローンの元金返済額を上回っているうちは、節税メリットがあるのですが、そのバランスが逆転して「減価償却費＜ローンの元金返済」という状態になってしまうと、税務上不利になってしまいます。つまりこのタイミングが売却・資産の組み換えを行うタイミングの一つといえます。

③大規模修繕工事着手前のタイミング

建物は経年劣化に伴い修繕工事が必要になり、具体的には10年経過した時点で、大規模修繕を実施します。その前のタイミングで、売却・資産の組み換えを行うというのも一つの考え方です。なぜなら多大な費用をかけずに手持ちの資産を手放すことができるからです。経過年数が少ないほうが売却しやすく、売却額も高くなるメリットもあります。現在、特にマンションなどの不動産価格は激しく動いています。市場価格や社会情勢などもにらみながら、ベストなタイミングで売却することが大事になってきます。

●10年後、20年後を見据えた資産組み換えの考え方

今後、不動産を所有する地主が考えなくてはいけないのは、修繕を行い適切な資産管理をすること、資産の組み換え、資産の売却、この3点です。

今ある物件の多くは、一定の時期に一斉に建てられたものが多く、地主が抱えている課題や境遇も同じです。もし資産を売却、組み換えるとなった場合、そうしたオーナーたちは競合になります。つまり売却したくても、市場に物件が溢れるので、期待したとおりの値段が付かない場合があります。また、組み換えたくても、収益性の高い優良物件の奪い合いになることが予想されます。これらの事情のため、売るに売れず、組み換えもできず、放置したまま年数だけ経過してしまうという悪循環に陥る可能性があります。これは空き家問題と類似する点があり、これから社会問題の一つになっていくと予想されます。

こうした築年数の経過した不動産を所有する地主たちに対して、有効な知見があまり公開されていません。資産を運用するということは、小さな企業を運営しているのと同じことです。目の前の収支だけではなく、10年後、20年後、この資産の経営状況はどうなっているのか、資産を手放すのか、テコ入れするのか、刷新するのかという、中期計画を立てることが必要です。そのためにも正しい知識を専門家から仕入れ、損をしない選択肢と適切なタイミングを考えていく必要があります。

CASE ②

借地権を巡るトラブルの解決策

●借地権にはどんなルールがある？　定期借地権との違い

借地権とは、土地の持ち主から土地を借りる権利のことです。借地借家法では「建物の所有を目的とする地上権又は土地の賃借権」と定義されています。簡単にいうと、「建物を所有することを目的にして、土地の所有者から土地を借りる権利」です。また、借地人にとっての借地は、地主から見て底地と呼ばれています。このように借地権には、「貸す人」と「借りる人」という構造があるため、相互に契約が発生します。契約の種類によって借地権は異なるため、まずはその種類の違いを理解することが大切です。

借地権は、大きく次の2つのパターンに分かれます。

・旧借地権
・新法借地権

借地法は、１９９２年7月31日以前に締結された借地権の契約に適用されています。借地法の契約期間は、契約の際に期間を設定しているかどうかや、この土地に建てられた建物の構造によってそれぞれ異なります。

借地法の契約内容は、契約期間の定めがありますが、更新すること、また借地の建物が存続していることにより、半永久的に借りることができます。建物の種類によってその契約期間や条件が変わってきます。非堅固建物と呼ばれる木造建物の場合、契約の存続期間は20年で、更新後の期間は20年です。一方、堅固建物と呼ばれる鉄骨造や鉄筋コンクリート造は最低30年で、更新後の期間は30年となっています。契約書上に特に契約期間の定めがない場合は、基本的にそれぞれの契約期間は60年と30年と決まっています。しかし、地主との合意があれば、更新することで期限の延長が可能です。

この借地法では、借地人の保護が重視されていたため、正当な理由が認められない場合以外、地主側は更新を拒絶できずにいました。その結果、土地がなかなか地主に返還されず、トラブルになるケースが多発したため改正されたのです。それが、1992年8月に施行された「借地借家法」です。これによって、新たに5つの借地権が生まれました。

・普通借地権
・定期借地権
・事業用定期借地権
・建物譲渡特約付借地権
・一時使用目的の借地権

まず、普通借地権については、これまでの賃借権との大きな違いが2つあります。一つは、木造や鉄骨などの建物の構造による契約期間の区別がなくなったことです。もう一つは、契約の更新をすることで契約期限の延長が複数回可能となり、地主による一方的な契約解除は認められていないということです。契約の存続期間は基本的に30年です。更新については、地主と賃借人が合意のうえで更新した場合、1回目の更新存続期間は20年、2回目以降は10年となっています。

次に定期借地権についてです。これ以降の借地権が1992年に新しく登場した内容になります。定期借地権は契約の更新がありません。契約期間満了後に、賃借人は建物等を原状回復し、更地に復して地主に返還することが義務付けられています。これは、旧借地法でたびたびトラブルになった借地人から地主に土地の返還がされない事案を回避するために改正された内容です。

3つ目の事業用定期借地権とは、定期借地権の一つで、事業を行う建物の所有を目的とする土地を賃貸する契約内容です。当該法律が施行された1992年8月当初は、契約期間は10年以上20年以下とされていました。しかし、借地借家法の改正によって、2008年1月1日以降は、10年以上50年未満になりました。なお、契約手続きは公正証書によって作成されていなければなりません。

4つ目の建物譲渡特約付借地権ですが、この権利は契約期間満了時に、地主が建物を買

図表３　旧借地法と普通借地権の比較

		借地権（旧借地法）	普通借地権（借地借家法）
利用目的		制限なし	制限なし
存続期間	堅固建物	30年以上（期間の定めなし：60年）	30年以上（期間の定めなし：30年）
	非堅固建物	20年以上（期間の定めなし：30年）	
更新後の期間	堅固建物	30年以上（期間の定めなし：30年）	１回目：20年以上（期間の定めなし：20年） ２回目以降：10年以上（期間の定めなし：10年）
	非堅固建物	20年以上（期間の定めなし：20年）	
契約更新		終了に関する特約は無効	終了に関する特約は無効
再築による期間延長		終了に関する特約は無効	終了に関する特約は無効
建物買取請求権		あり	あり
設定方式		規定なし	規定なし
終了事由		期間満了前の建物朽廃 正当事由* ＊借地権設定者（地主）が自ら土地を使用することを必要とする事情、その他	正当事由* ＊借地権設定者が自ら土地を使用することを必要とする事情のほか、借地に関する従前の経過及び土地の利用状況並びに借地権者（借地人）に対する財産上の給付の申出

出典：INVEST ONLINE 不動産投資コラム

い取ることをあらかじめ約束する借地権のことを指します。契約期間が30年以上の定期借地権や事業用定期借地権、更新型の普通借地権に付加することが可能ないわば特約のような内容です。この契約存続期間は、一般的に30年以上です。

最後に、５つ目の一時使用目的の借地権についてです。一時使用目的の借地権とは、工事を行う際に仮設事務所やプレハブ倉庫などを建てるために、一時的に土地を借りるものに対する借地権です。

旧法の借地権と新法の普通借地権を比較してみると、図表３のようになります。新法の普通借地権は、旧借地法で分類していた建物構造別の条件が廃止になったほか、地主の権利が強くなった点が特徴です。しかし、旧法に該当する契約内容の物件のほうがまだ多いというのが現状であり、それゆえに貸地にまつわるトラブルは今後も発生すると推測されます。

地代の値上げ交渉について

地主の悩みとして、地代の値上げに関する相談をよく受けます。借地人との付き合いが深くなったり、契約期間が長くなったりすると、値上げについて切り出しにくくなります。しかし、物価や市場、租税などの価格が変動し上昇していけばいくほど、地主はその財政が厳しくなっていきます。結論からいうと、地代の値上げ交渉は「正当な理由」があれば可能です。

地代の値上げ交渉は地主と借地人の話し合いによって決めていきます。まずは地主から借地人に、「値上げ交渉をしたい」ということを伝え、地代の値上げを行う理由を述べて交渉していきます。もちろんその際には、なぜ値上げが必要なのかという根拠をしっかりもって話し合うことが大切であり、地代の値上げ交渉には市場の変化などといった根拠材料を提示することが必要です。

一般的な地代の目安は次のとおりです。

・住宅地域の地代：固定資産税・都市計画税の合計金額の3～5倍
・商業地域の地代：固定資産税・都市計画税の合計金額の7～8倍

固定資産税や都市計画税といった租税公課は、土地の利用状況によっても変わりますが、これを参考にして地代算出を行ってみてください。

●地代の値上げはいつ行えばいいの？

地代の見直し交渉を行うには、適切なタイミングがあります。借地借家法第11条では、そのタイミングについて、次のように述べています。

・土地に対する租税公課などが増減したとき
・土地の価格の上昇低下などの経済事情が変動したとき
・近隣の似た土地の地代に比べて不相応となったとき

つまり、物価や税金、周辺の土地が値上げをしたときが、見直し交渉に適したタイミングです。最も大きな指標となるのが、租税公課の変動です。地主は固定資産税や都市計画税を支払っています。それらの税金は地代から賄っています。つまり、租税公課の額が上昇すれば、地代も見直す必要があるのです。地代に最も影響する固定資産税の評価は3年に一度見直しが入ります。そのタイミングで、地代を再計算するのが効果的です。

●賃貸借契約書の契約締結時に気をつけるべきポイント

旧借地法時代の貸地、特に戦前から続く場合は、土地賃貸借契約書が存在していないケースが多くあります。つまり地主と借地人の口頭合意のもとに貸していたということです。しかし、契約内容の透明性を確保するためにも、土地賃貸借契約書は契約当事者双方にとって必要なものです。現在契約書を取り交わしていない契約についても、契約書の作成はしておきたいところです。そこで契約書を取り交わす際に記載しておきたい内容について触れていきます。特に次に示す5つのポイントには注意が必要です。

・土地の使用目的
・賃貸借期間
・更新時の記述

・地主の承諾事項
・契約の解除および損害金

まず土地の使用目的についてです。借地権は建物の所有を目的として土地を賃借する権利です。そのため、契約書には建物の種類と建物の使用目的をしっかり明記しておくことが必要です。

また、賃貸借期間については当該土地の賃貸借期間がいつからいつまで、また何年間なのか明記しておく必要があります。そのことで、更新時期や満了時期を互いに認識できるからです。

次に、更新時の記述についてです。土地賃貸借期間が満了し、更新時期を迎えた際に更新料の計算をどのように行うのか明記することが望ましいです。なぜならば、更新を迎えた際に更新料の有無と金額についてトラブルにならないよう、また地主が更新料を取りそびれないようにするためです。

そして、地主の承諾事項についても、トラブル回避のために記すことが必要です。具体的には、建物の用途変更、建物の増改築・建て替え、借地権の第三者への譲渡・転貸などです。これらの事項は一般的に地主の承諾を要する内容です。

最後に契約の解除および損害金についてです。一般的に、借地人が地代を一定期間滞納あるいは借地人が破産等をした場合、地主は土地賃貸借契約を解除することができます。また契約解除による明け渡しの際に損害金を請求できます。さらに地代の滞納についても損害金の請求が可能です。いずれも賃貸借契約書に金額や金利を明示しておいたほうが、いざというときのトラブル回避につながります。

●自力での貸地整理は手間がかかって難しい

Aさん：地主／Bさん：借地権者

Aさんは、複数の不動産を所有しています。そのうち一部の土地をBさんへ貸していました。この貸地は未接道地のため、将来的に当該土地単独での最有効使用が難しいことは簡単に予想できました。しかもBさんは高齢の一人暮らしです。いつ他界されるか分かりません。亡くなったあとではもろもろの手続きが大変です。そこで、現在貸地である土地（借地権）を、Bさんから購入（買い戻し）することにしました。しかし、これまで口頭合意において貸借していたため、土地の情報や契約内容についての詳細は分かりかねる状況でした。

そこで、土地の路線価や借地権割合ほか、基礎情報について整理したうえで、土地の売買価格を算定し、最終的に売買契約を締結、無事に売買完了となりました。これにより、南側の土地も含め完全な所有権化をすることができました。

【解説】貸地整理に必要なパートナーの存在

●知らないうちに損をしているケースが多い

貸地の整理については、日頃から積極的に行うものではありません。ではいったいどのようなタイミングで、このような話題が浮上するのでしょうか。

それは地主や借地権者が高齢になり、相続等のアクションが見えてきた段階で相談に来るケースが多いです。特に地主が、子どもや孫の次世代に貸地を残したくないという気持ちをもっている場合が多いと感じます。放置していると、地主も原契約の内容を理解しきれていないまま相続手続きを行ってしまう場合があります。そうなると、当初の賃貸借の経緯や書面では残されていない事情が理解されないまま貸地の事実だけが残ってしまいます。こうしたあいまいな事情を次世代に残さないよう、相続が発生する前に決着させたいのです。

それ以前に、貸地を放置していると損をするケースもあります。物価や税金、周辺の土地の価格が変動しているのに、それに適した地代に値上げするチャンスを失ってしまうからです。したがって、貸地については定期的に情報を整理しておくことが大事です。

●きめ細かい対応はプロに任せる

まず行うべきは、契約書の有無の確認です。契約書を所持している場合は、契約書の記載事項の再確認をします。契約書を所持していない場合は、土地の種別や所有状況などの情報を、聞き取りや調査にて整理していきます。

次のステップとしては、契約内容の精査を行います。昔からの契約だった場合、1㎡あたりの地代が正しいか間違っているかを確認します。そのうえで、現在の市場と地代の相場観が一致するかどうかを精査します。もし相場観に差異があった場合、あるいはなんらかの条件変更をしたい場合は、刷新した契約書を作成します。その際、土地をそのまま継続して貸すのか、返還するのか、土地を売却するのかといった選択肢を借地人に示すことになります。

こうした一連のプロセスは地道で細かい作業の積み重ねです。地主一人で行うには骨が折れるため、不動産のプロのサポートを受けることも有効です。

CASE ③ 地主高齢化による生前の相続対策

●法定相続人が不在の場合

Aさん：地主（他界）／Bさん：地主妻／Cさん：地主娘（他界）／Dさん：相続人

Aさんは先祖代々続く、由緒正しき大地主です。Aさんと妻のBさんの間には、一人娘のCさんがいました。しかし、AさんとCさんが先に他界し、高齢のBさんが一人残りました。Bさんはいくつかの駐車場と数件の土地、70件近い貸地という膨大な資産を相続しています。

しかし、本来の相続人である娘のCさんが他界してしまったため、自分のあとの相続人がいませんでした。Bさんは当時90歳で、加齢によって思考力や判断力が低下し始めてい

図表4

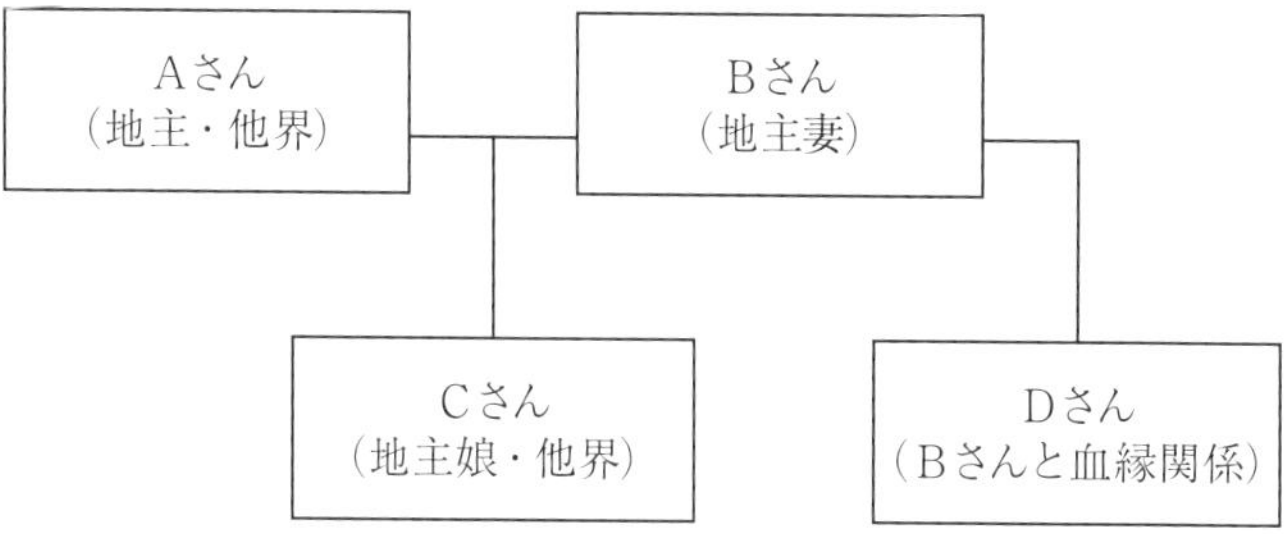

Bさんの資産

不動産	駐車場（複数）、土地（複数）、貸地（70件ほど）

著者作成

たため、第三者にだまされて資産を乗っ取られかねない状況になっていました。また、Bさんが自分の意思によって見知らぬ第三者に相続をしてしまう可能性もあります。血縁関係になくても養子縁組をすれば、相続人になり得てしまい、それによって当主家とは関係のない人に財産が流れてしまいます。そこで、第三者に資産を乗っ取られないようにすること、第三者に故意に養子縁組をされないようにすること、この2つの対策が急務でした。

　今回のキーパーソンとなるのが、近隣に居住していたBさんと血縁関係にあるDさんです。通常相続する際の直系関係とはほど遠い親戚です。とはいえ、家系図をたどっていけば血のつながりがある関係です。Bさんの資産が血のつながりのない第三者に占有されるのではという危機感を覚えていたDさんは、Bさんの土地を守るためにはどうしたらよいかと相談をしてきました。

そこで打った手は、BさんとDさんが養子縁組をし、Dさんが相続をすることです。養子縁組をするためには、相続人であるDさんが、Bさんが存命のうちに養子縁組の手続きのサインをBさんからもらっておく必要があります。そしてDさんから相談を受けた当時、Bさんは意思がはっきりあったものの入院中で、いつ何が起きてもおかしくありませんでした。

そのため、急いで病院に公証人と向かい、Bさんに養子縁組について説明し、その合意を得て書面にサインをしてもらいました。その後、公正証書遺言を作成したことで養子縁組が成立し、BさんからDさんへの資産の相続が可能になったのです。

さらに相続税の対策として、Bさんが存命のうちに収益物件の購入をしました。これは、収益物件を購入するために借金をすると、相続税の算定をする際に遺産の総額から借金などの負債が控除されるからです。これによって相続税が当初より減額されます。それから6カ月後にBさんは他界し、資産は血縁関係のない第三者の手に渡ることなく、無事に血縁関係のあるDさんに相続されました。

実は、Bさんの存命中に、資産の一部が第三者に占有され始めていました。Bさんが懇意にしていた知人がBさんの自宅に頻繁に出入りしており、その際に通帳や実印などを持ち出し、資産を勝手に売買したうえ登記を書き換えていたのです。そのため、裁判で係争するためにもBさんとDさんが養子縁組をすることは必要なプロセスでした。

不動産コンサルタントは、係争をサポートする立場として弁護士とタッグを組み、情報開示や意見書の作成なども行います。およそ6年係争が続いたのち、最終的にはすべて原告の主張が認められ、なんとか勝訴にこぎつけました。

このケースのポイントは2つあります。まず1つ目は資産の相続人である直系血縁者がいない場合、被相続人が生前に養子縁組をすることで、養子が資産の相続をできるということです。

相続人には、血縁のある親戚や、血縁はないものの家族関係があるもの――例えば義理の息子や義理の娘など――といった人を充てるという方法があります。今回のケースは相続人である子どもがいたものの先に他界していたため、遠縁の親戚と事前に養子縁組をして資産を守るという結果に導きました。

2つ目のポイントは、今回のケースではなかったものの、資産の相続人がいない場合、被相続人が残した遺言によって、第三者に相続させることができるということです。これを遺贈といい、例えば第三者が被相続人をだまして養子縁組をし、被相続人は第三者に相続させるように遺言を書くかもしれない、という可能性があったのです。Bさんは高齢ではありましたが、物事を正常に判断するほどには思考が働いていました。しかし、例えば心を許した友人や恩師といった自分にとって心理的に特別な関係である相手だと、心を開いてしまう可能性もあります。つまり資産の乗っ取りや占有という事案は、認知症による判断力の低下や血縁関係の断絶ではないケースでも起こることがあり得るのです。これは資産の大きな地主に見られるトラブルケースの一つだと考えられます。

●被相続人が他界前に資産を整理

Aさん：地主／Bさん：地主の長男／Cさん：地主の次男／Dさん：地主の三男

図表5

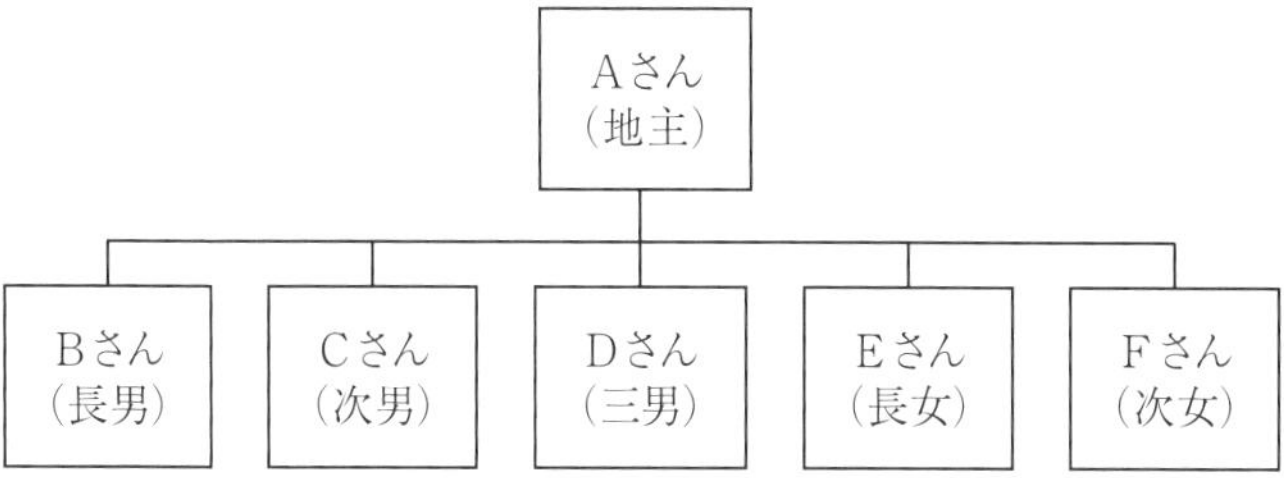

Aさんの資産

不動産	アパート（2棟）、駐車場（複数）、店舗（複数）
預貯金	5億円程度

著者作成

Eさん：地主の長女／Fさん：地主の次女

Aさんは、アパート2棟（管理会社が管理）、自主管理の駐車場と店舗など複数の資産を所有しており、預貯金も5億円ほどあります。しかし子どもであるBさん、Cさん、Dさん、Eさん、Fさんの仲が悪く、相続時に遺産分割でもめることが予想されていました。

当時Aさんは90代です。自分が元気なうちに、相続後の納税資金も確保しながら、子どもたちがもめない形で財産整理をし、現金化することを望んでいました。

まず、修繕管理に費用がかさむアパートは

今後の管理が難しいことを想定し、オーナーチェンジという形で売却処理を進め、その後Cさんの自宅とEさんの自宅の中間画地にある自主管理の駐車場を売却することにしました。

また同時に、Eさんは、Aさんから生前贈与を受けていた自宅の土地を売却することに合意し、売却金を元手に別の居住地を購入することになりました。こうして兄弟姉妹間で争うであろうと想定されていた資産の生前整理を行うことができたのです。

Aさん一家にとって利益を潤沢に生みだす資産や、自宅の敷地などといった、最低限次世代に残しておきたい不動産のみ残すことになりました。なお、売却代金は、相続税納付と子どもたちへの相続金に充てています。

今回のケースのポイントは、被相続人が他界したあとに、相続人である子どもたちが争わないように、事前に資産の交通整理をしておいたことです。そもそも相続の話し合いは、たとえ仲が良い子ども同士でも、相続の際になって慌てて話し合いを行うと、すんなり話がまとまりません。

ましてや仲が悪い者同士だと時間を要するだけでなく、話し合いが決裂、最悪の場合は係争になるという事態も考えられます。こうした事態を避けるために、事前に財産の整理を行っておくことが最も理想的です。

【解説①】相続放棄や要件欠落による相続欠格の場合

基本的に相続は当主が他界したあとに直系家族ないし遺言にて指定された継ぎ手が相続をします。しかし、これまで見てきたケースのように、事情によって相続が不可能な場合があります。それが要件欠落による相続欠格です。また継ぎ手側の意思によって、相続を放棄するという場合もあります。

まず、要件欠落による相続欠格について解説をしていきます。基本的には、民法第891条にて相続に関する違法行為が規定されており、これらの条項に抵触する場合は、相続ができません。具体的には次の5つです。

①故意に被相続人または同順位以上の相続人を死亡、または死亡させようとしたために、実刑処分を受けた場合
②被相続人が殺害されたことを知って、告発や告訴を行わなかった場合
③詐欺・強迫によって、被相続人の遺言を撤回、取り消し、変更することを妨げた場合
④詐欺・強迫によって、被相続人に相続に関する遺言をさせ、撤回、取り消し、変更を妨げた場合
⑤被相続人の遺言書を偽造、変造、破棄、隠蔽した場合

以上5つの相続欠格事由に当てはまると、被相続人の意思に関係なく相続人の権利を失います。

【解説②】継ぎ手側の意思によって相続を放棄する場合

相続する際はプラスとなる財産だけでなく、マイナスとなる財産も引き継がなくてはいけません。仮に5億円の現金と10億円の借金がある場合、両方の相続を受けなければならないのです。マイナスの財産のみ相続拒否をすることはできません。マイナスの財産を受け取りたくない場合、プラスの財産とともに相続放棄をする必要があります。相続人は、相続すると知ったときから3カ月以内に、相続するのかあるいは相続放棄をするのか決めなくてはなりません。引き受けるならば良い面・厳しい面、両方を引き受ける覚悟が必要ということです。

最近では不動産は欲しいけれど借金を負いたくないから相続放棄をし、その放棄された資産を日本政策金融公庫に寄贈するというケースが増えています。私も弁護士から売却資産の価格査定をしてほしいという依頼をよく受けています。これは何を示すかというと、財産を所持する人は必ずしも皆プラスの財産ではない、むしろマイナス資産を所持する人が増えてきているということです。また、不動産を相続した場合でも、それを有効活用できない、被相続人と相続人が物理的に離れた距離で暮らしており、資産を相続したとしても管理ができないという理由から、相続放棄をしたいというケースも増えています。

さらに、空き家を相続した場合、空き家の残留物の問題に悩まされる人も多くいます。被相続人が他界し、相続人が引き受けることとなった空き家は、生活の痕跡が残ったままです。本人にとっては大事な思い出の品でも、相続人にとっては単なる荷物やガラクタにまみれた状態の空き家を、誰が片付けるのかという点は相続の際に必ず争点になります。遠方に暮らす親の空き家を片付ける時間もなく、物理的距離からも常時往復は困難という理由で相続を放棄する選択をする人も増えています。

この相続放棄は、空き家問題とともに増加していく傾向があります。今後、国全体で社会課題として受け止め、解決していかなくてはならない問題です。

【解説③】少子高齢化に対応した相続対策について

日本では長らく核家族化が進んでいます。子どもの数が減っていくと、家系図がどんどん先細ってしまう、つまり相続する人が減っていくという現象が起きてしまいます。

核家族化による相続人の減少が悩ましい問題として浮上している一方、被相続人にも懸念事項があります。それは高齢化による認知症患者数の増加です。

内閣府の「平成28年版高齢社会白書」によると、65歳以上の高齢者の認知症患者数と有病率の将来推計は、２０１２年には認知症患者数が４６２万人と、65歳以上の高齢者の７人に１人でしたが、２０２５年には約７００万人、つまり5人に1人になると見込まれています。仮に継ぎ手がいたとしても、被相続人の認知症の症状が悪化することによって、正常な判断ができなくなり、そもそも相続手続きができない、といった課題も生まれてきています。

また認知症は、突然発症することもあります。そうなると、遺言作成など相続を円滑に進めるための手続きさえも失ってしまいます。もっと早くやっておけばよかったと後悔する家主や地主の家族をこれまでも大勢見てきました。

これからの時代、相続発生となった段階で慌てて相続について考えるのでは準備不足です。長い目で相続のためのプランニングをしておくことが大事になっていきます。確実にいえるのは「事前に準備をしておいたほうがよい」ということです。なかでもまず取り組んでほしいことは、財産の内訳整理です。当主がどんな資産をいくつ所持しているか、またこれらの資産は契約書があるかどうか、権利関係が整理されているか、地代や家賃収入がある場合はきちんと管理がされているかといった点です。

こうした当たり前の事柄でも、実は古くからの慣習で可視化されず口頭のみで合意をし、契約や家賃の支払い等の履行をしている場合が多いのです。しかし、次世代に引き継ぐことを考えた際には、誰が見ても分かる形で基礎情報を整理しておくことが必要です。しかも当事者が想定している以上に情報の整理には時間がかかるため、早めの着手が大切です。

また、承継する人や承継を受ける人同士で早めに家族会議を行うことも重要です。ところがまだ元気なのに話し合う必要があるのかと正面から向き合わない人が非常に多いのも現実です。それは自分ごとになっていないからです。一方で、家族が実家から離れた場所に暮らしているため、こうした話し合いをする場や機会もないというケースも多く見られます。昨今は帰省するのは盆と正月の年に2回という家族が当たり前です。

おすすめは帰省のときに顔を合わせるだけではない家族関係づくりです。例えば月に1回は集まるなど、早い段階からルール化しておけば、相続や今後の話に触れる機会が増えていきます。

また、お互いに元気かどうか、具合の確認もできるほか、積もる話もできます。すぐに相続の話に至らなくても、コミュニケーションを重ねることで、次第に核心をついた話に展開していくものなのです。

こうしたことを面倒に感じる人もいます。実際に行動をするかどうかは本人次第ですが、小さな行動の積み重ねによって、被相続人も相続人も次第に自分たちが当事者だという自覚がもてるようになっていきます。

もう1点、なんらかの理由で継ぎ手が直系家族にいない場合の事前準備事項についても把握しておきたいポイントです。もし被相続人に子どもや孫などがいない場合は、養子縁組で相続人を設けるということが可能です。しかし、突然養子縁組をすることは現実的には困難です。

そこで、もし親戚に子どもがいるなら、折を見て継ぐために養子縁組をすることは可能か相談することも一手です。すぐには良い返事をもらえない可能性もありますが、早い段階で相談しておくことが得策です。

CASE ④ 遊休地を活用した資産の収益化

●所有する土地が多く、持て余していた遊休地

Aさん：地主／Bさん：地主の父

Ａさんは鎌倉時代から続く地主の本家です。賃貸アパートと賃貸マンションを５００室ほど、駐車場を２００台近く、ほかにも多数の更地などを所有する、総資産額約70億円の不動産資産家です。賃貸物件はもともとＡさんの父親である、先代のＢさんが建築して運用していましたが、同一エリア内に集中していたため、所有物件同士が競合してしまうという皮肉な状況が生まれていました。

しかし、Ａさんが資産運用を本格化するうえで、これ以上賃貸物件の空室化や収益減退

を招きたくない、最有効使用ができていない土地ももっと活用できないかという気持ちが高まり、我々に相談がありました。所有する資産を整理し、土地の新たな利活用方法を見つけることにしました。

そこでいくつかの駐車場を閉鎖することにしました。なぜなら、Aさんが駐車場を所有するエリアは、戸建住宅が主に建ち並ぶエリアです。戸建ですので駐車場付きの物件が多く、駐車場の需要は決して多いわけではありませんでした。また本家であるAさんのほか、分家が所有する土地を合わせると、かなりの数の駐車場が供給されていました。結果的に周辺エリアで駐車場が供給過多な状況であることから、駐車場が最有効使用というわけではありません。加えて若い世代の自動車所有率も低下しており、将来的に空き地になってしまうことも考えられ、今のうちに運用を変更することが望ましいと判断したのです。

具体的には一部駐車場を閉鎖し賃貸用戸建住宅の建築と経営を提案しました。戸建賃貸は集合住宅よりも大規模修繕の際の負担が少ないこと、また当該エリアが広い戸建住宅の建ち並ぶ閑静な住宅エリアであったため高い収益性が見越せることが理由です。この変更は受け入れてもらえました。

また、ほかの駐車場も閉鎖し、新たな運用方法として、ロードサイド型店舗を誘致し、建築することにしました。これによって、低稼働率の駐車場かつ低収入でキャッシュフローの維持に苦戦した状態から、安定した高キャッシュフローへと改善されました。

このように土地やエリアの特性・個性、用途のもつ可能性を見直すことで、眠っていた価値を引き出し、地主であるAさんには大いに満足してもらうことができました。

●断られ続けた遊休地

Aさん：地主／Bさん：地主の息子

Aさんは農家地主の当主です。畑や賃貸住宅など、資産およそ10億円分の土地を所有していました。

Aさんは当時90歳。息子であるBさんは、かねて資産相続に悩みを抱えていました。それは広大な面積の未接道地を所有していることでした。未接道地は無接道地ともいい、道路に接していない土地のことをいいます。その面積はおよそ5000㎡。テニスコート19面分、コンビニ20店舗分と、活用のしがいがある面積です。そもそも、なぜこのような未接道地を所有する状況が生まれてしまったのかというと、エリアに問題があります。Aさんの所有する未接道地があるのは、周辺で住宅開発の進んでいるエリアです。不動産事業者が住宅開発をする際に、周辺の地権者から土地を買収して開発を進めていましたが、Aさんは自分の土地を守るために買収を拒んでいました。その結果、住宅開発の際に新たに形成する道路との接続がないまま、陸の孤島のような未接道地が生まれてしまったのです。未接道地はそれ以降今日まで活かすことができない遊休地となってしまいました。

Bさんは相続を見据えたうえで、この広大な未接道地をなんとかしたいと、税理士やいくつもの不動産会社に相談してきました。しかし、各地で「うちでは無理」と断られ続けていました。そんなときに、私のもとに相談に来てくれました。

まず私は、Aさんの資産のROA分析を行い、相続税評価額と実勢価格の乖離分析を行いました。ROAとは、Return on Assets の略で事業に投下されている資産に対して利益がどれくらいあるかを示した指標です。これによって不動産の相続税評価と実勢価格、収益性がすべて可視化されます。この未接道地は、相続時の相続税を計算するうえでの相続税評価額と実勢価格がかなり乖離する土地でした。

実は接道のない土地は、接道をしている場合の土地の価格価値より半分近く低い価格査定をされてしまいます。未接道地の具体的な評価方法は国税庁によって定められています。

相続税評価額は4億円、それに対して実勢価格は2億円。しかも周りの一部地権者より道路として土地の提供を受け開発道路を築造する必要がある、文字どおりやっかいな土地です。Aさんの年齢を考えると一刻も早くこの未接道地を解決しなくては、Bさんが相続する際に、相続税の支払いが困難になることが目に見えていました。

そこで私は、隣接地の全所有者を回り協力を打診し宅地開発を進めました。結果1年かかりましたが、この5000㎡の広大な未接道地を開発道路の入った一団の宅地に造成することに成功しました。その数、40棟。しかし、それではただの売却になってしまい、手元に不動産資産が残りません。そのため、私は次の策として、造成地のうち5区画をAさんの所有地として手元に残し、賃貸住宅として運用してもらい、残りは売却し相続税納税資金にしました。これまでAさんは収益物件をいっさい所有していなかったのですが、初めて収益物件を手にすることができました。

こうして、無事に相続税評価と実勢価格に乖離のあった広大な未接道地を解消し、一部は手元に収益物件として残したのです。さらには売却益によって納税資金も得られ、なんの心配もなく息子のBさんへと相続できる体制が整いました。

●未接道地は活用方法が難しい

未接道地は土地の有効活用方法が難しくなります。未接道地とは建築基準法上における幅員4m以上の道路に敷地が接していない土地のことを指します。建築基準法上で、この接道義務が施行されたのは1950年からです。それ以前に建てられた建物も多く存在しますが、このような接道義務を満たしていない土地は建物の建築に対して制限が設けられます。

未接道地の形状は、主に袋地が挙げられます。袋地とは、周囲が他人の土地や河川・

図表6

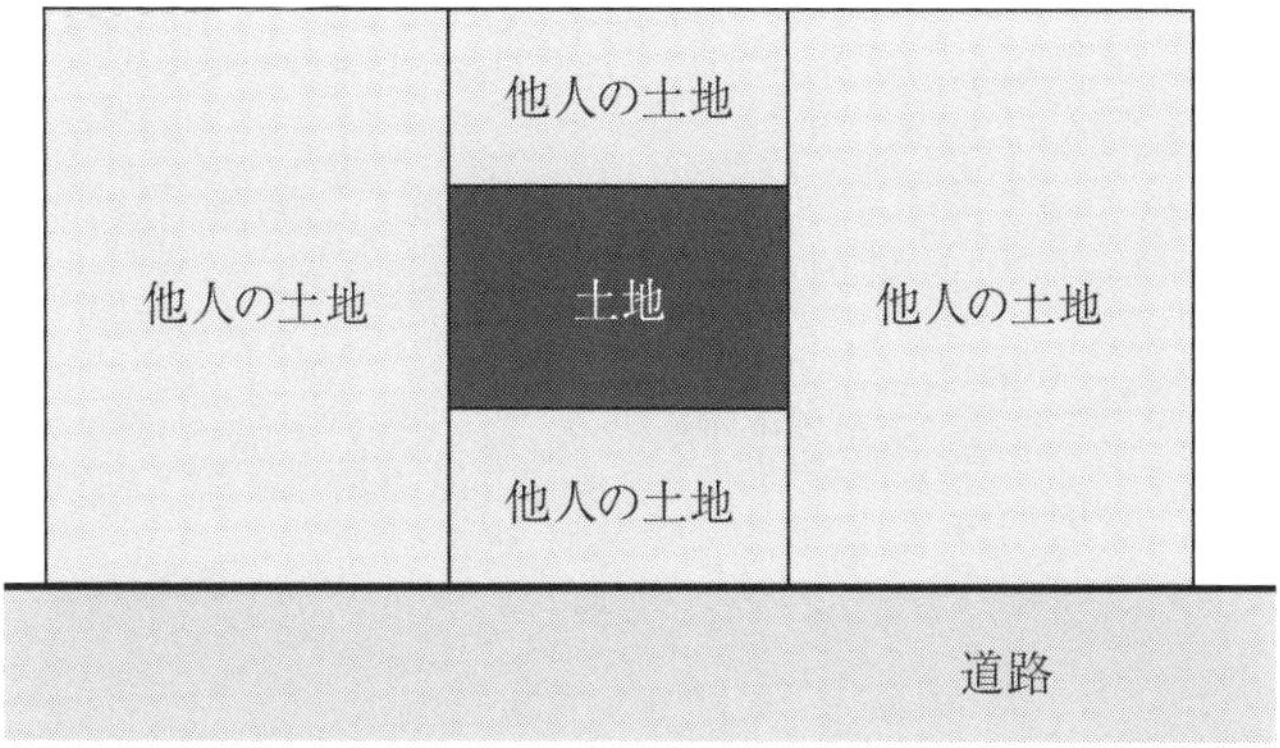

著者作成

崖などで囲まれていて、まったく道路に接していない土地のことを指します。このような土地に出入りする際には、隣接地の一部を私道として利用させてもらうか、あるいはそのまま敷地内を通行させてもらう必要があります。街中で「ここは私道です。通り抜けご遠慮ください」という看板を目にすることがあると思いますが、それがこのケースで、だいたいが袋地に行くために設けられた通路です。したがって、許可された人以外の通行は不可、なぜなら私有地であるからです。こうした袋地は、全方位がほかの所有者の土地に囲まれているため、当然接道義務を満たしていない土地となり、建築基準法上、所有者は建物の建て替えができません。また現存する建物の運用の変更や増改築などの大規模な改修も認められません。また袋地の所有者が、水道やガスなどのインフラ工事を行う際に、地面を掘り返さなければならない場合は、周辺隣接地の所有者に工事のための通行・掘削許可をもらう必要があります。非常にやっかいな土地なのです。

このような未接道地に共通していえることとは、「現存する建物の運用はできるが、増改築や運用の変更、建物の再建築はできない」ということです。このような条件があるため、資産性の高い収益物件どころか建物そのものを建築することが難しいため、土地の買い手がつきにくいのです。

●遊休地活用で収益を生みだす

ここまで通常の物件、未接道地、2つの遊休地活用の事例を見てきました。これらは何も特殊な例ではありません。最適な用途で活用できていない土地や用途制限のある土地を持て余している地主は数多くいます。

特に多大な資産をもつ地主によく見られるのは、所有する土地が広大あるいは多過ぎるがゆえに、面積範囲や個別事情から活用や処分ができないでいるというケースです。

一方でこうした多大に資産を所有するいわゆる大地主は、現在所有する土地よりもっといい土地が欲しい、もっと資産の活用をしたいという意向の強い人が多いのも事実です。そのため意向の強い人たちが最大限に効果的な資産運用をできるようにお手伝いをしているのです。

【解説】収益化を目指すうえではまる落とし穴

●放置されたままの遊休地の価値

遊休地は、文字どおり遊んでいるため、利益を生みだしません。本来は放置をせずに、土地利用の状況を改善する、つまり働かせれば利益を生みだすことができるのですが、なんらかの事情があるからこそ遊休状態になっているのです。考えられる主な理由は次の3

つです。

・当主が忙しくて管理運営に手が回らない
・難しい用途の土地で活用方法が分からない
・土地の形状が難解でその土地を運用するための最有効使用が分からない

事例に挙げた鎌倉時代から続く資産家のケースでは、資産の活用をしたいと思っていながらも、ほかの事業が忙しく手がつけられない状況でした。未接道地を所有していた資産家のケースでも同じく資産の活用をしたいと思いながら、その取り扱い方法が分からないため長年そのままにしていました。

●遊休地を抱え続けることのリスク

遊休地をそのまま所有し続けていると、いくつかのデメリットが考えられます。

・所有する土地の収益悪化
・収入がないのに、税金などは払い続けなくてはならない
・相続する際に被相続者が土地の維持管理に困る

このように遊休地は、長く所有すればするほど当主の維持管理費を圧迫するほか、相続をする次世代にも維持管理や土地の処遇などの負担を強いることになります。そのためにも早めに遊休地活用の方法を見つけだすことが理想的です。

地主の多くは「資産の数を保ちたい」「先代から所有してきた土地を欠落することなく守り通したい」と強く思っています。これは私が経験してきたなかで実感していることです。つまり、資産を売却することに躊躇する人が多いのです。しかし、いちばん大切なのは資産の数ではなく、所有する資産が健全に運営されており、潤沢な利益を生みだしているかどうか、この一点につきます。資産をたくさん所有していても、収支が赤字になるのであれば、租税の支払いも難しくなります。また不採算物件を義務や責任の一点のみで所

持し続けていても、維持費が発生します。これらの維持費は、長期的に資産を運用するうえでのしかかってくるコストです。こうしたコスト面を考慮すると、遊休地や収益の悪い物件は今すぐ整理し、活用に転じるべきです。まずは、数ではなく利益に着目することが重要です。

●ＲＯＡ分析の有効性

こうした利益状況を把握するために有効なのが、ＲＯＡ分析です。

地主の多くは自分の資産全体の数値や、個々の土地や建物がどのくらい市場価値をもっているのかを漠然としか理解していません。そのため、いざ相続が発生して相続税の試算をすると、想定以上に相続税が高いことに驚きます。そこで不動産の現状把握ができるツールとしてＲＯＡ分析を活用しています。この分析は、いわば不動産の健康診断です。人間も定期的に健康診断をしますが、不動産にも健康診断が必要なのです。

地主にとっては不都合な現実をしっかりと見つめるには、第一に自身の資産の現状を正しく把握することが大切です。現状把握とは、土地固有の基礎情報や遊休地の把握などを指します。こうした情報を整理するのは、地主一人には骨が折れる作業です。忙しくて、そこに割ける時間がない人も多いでしょう。そこで不動産のプロの力をうまく使い、まさに「資産の健康診断」をする心づもりで、定期的に現状を把握することが大切です。

CASE ⑤

複数の相続人が絡んだ遺留分侵害額請求

●遺留分侵害額請求とは？

相続が発生した際、一定範囲の相続人には、「遺留分《いりゅうぶん》」というものが発生します。これは、遺言の内容とは関係なく、被相続人（死亡した方）の財産から法律上取得することが保証されている最低限の取り分です。本来、遺言とは相続のトラブルを防止するために用意するものですが、残念なことに遺言自体がトラブルの元になるケースが多発しているからです。例えば、本来は当主の配偶者や子どもに相続されるべき資産が、遺言によってなんの縁もない慈善団体や友人などに遺贈されるということになったら、残された家族は心中穏やかではないはずです。

このような状態を「遺留分の侵害」といいます。つまり、自分たちが本来もらえたはず

図表７

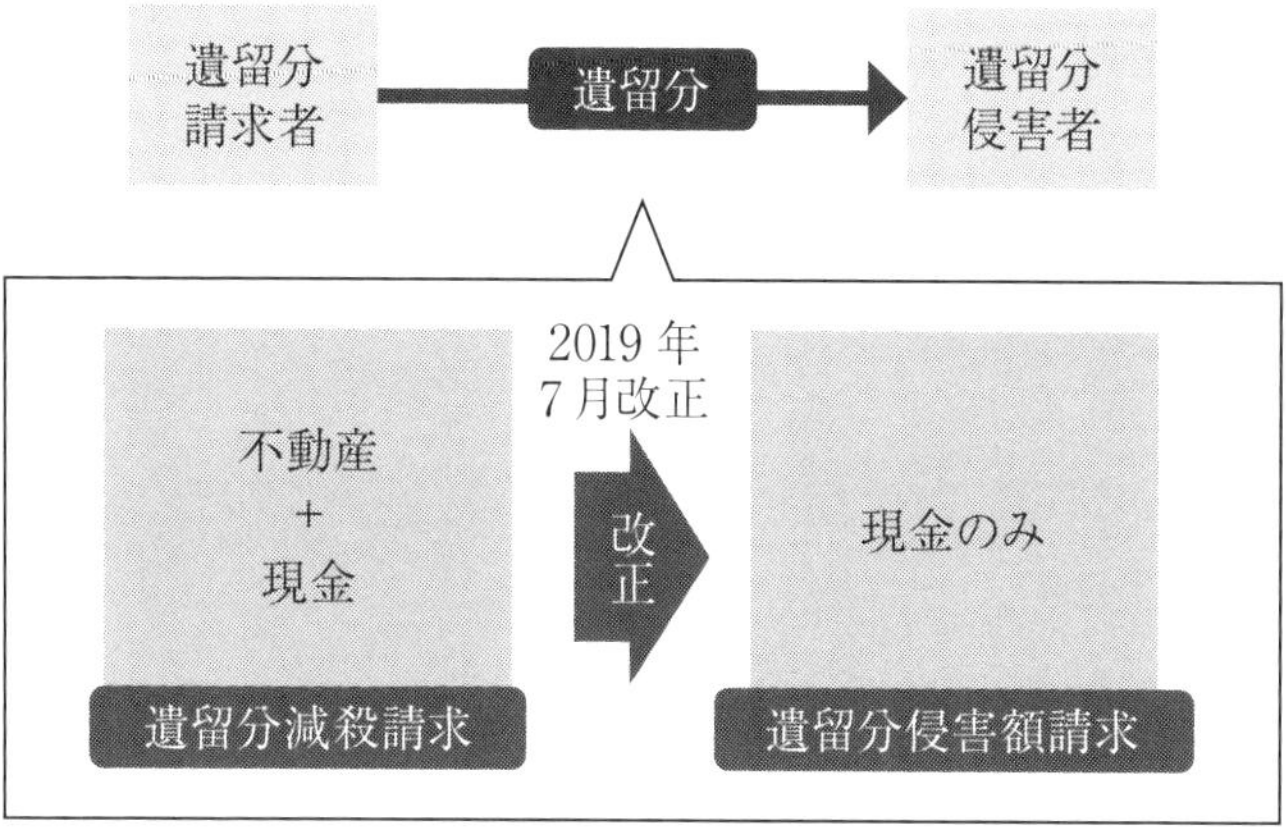

著者作成

の財産が、第三者や特定の相続人だけに渡ることによって、得ることができないというわけです。遺言の内容がこの遺留分を侵害している場合、その部分を、遺産を多くもらい過ぎている人に対して返還請求できます。この請求手続きを「遺留分侵害額請求」といいます。かつては遺留分減殺《げんさい》請求という名称でしたが、２０１９年７月施行の法改正によって現在の遺留分侵害額請求という名称に変わりました。

　名称だけではなく、遺留分の返還方法も変更されています。法改正以前は、遺留分の返還を行う際、不動産の現物と現金での返還が可能でしたが、改正後は現金でしか返還でき

図表8

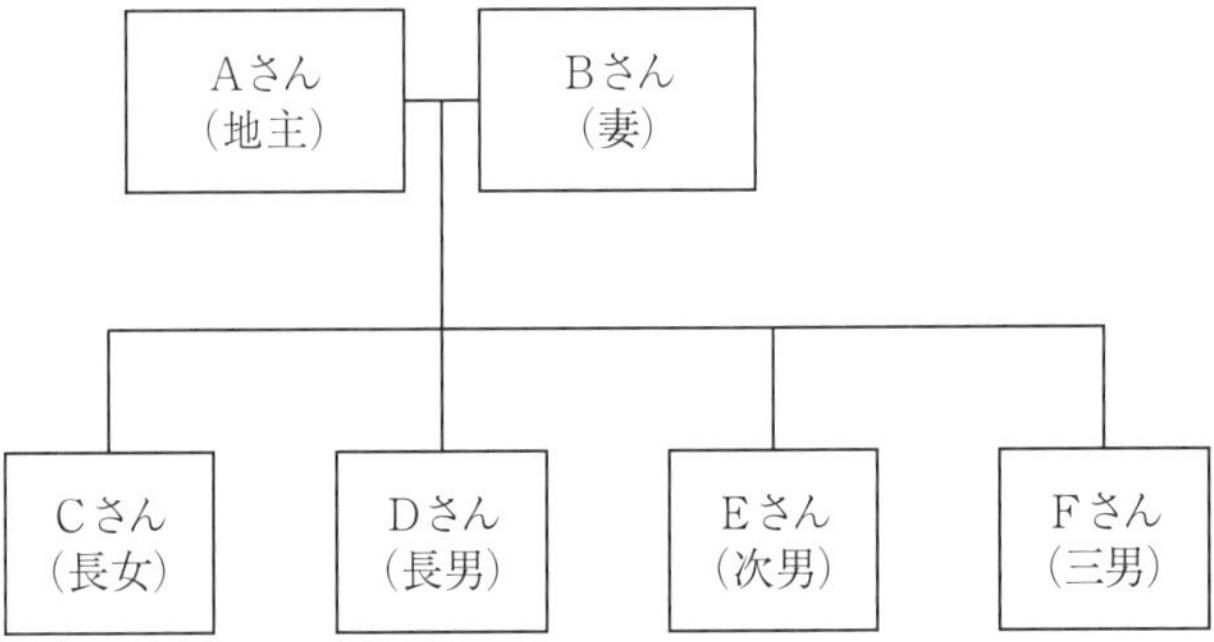

著者作成

なくなりました。つまり、請求を受けてそれが認められた場合、手持ちの現金がない場合は、土地を売却するなどして現金を用意する必要があるのです。

●侵害額請求の対象者とは誰か

では誰が遺留分の対象者になるのか、また遺留分はどのように計算するのかを見ていきます。

Aさん：地主　Bさん：地主の妻
Cさん：地主の長女　Dさん：地主の長男
Eさん：地主の次男　Fさん：地主の三男

図表9

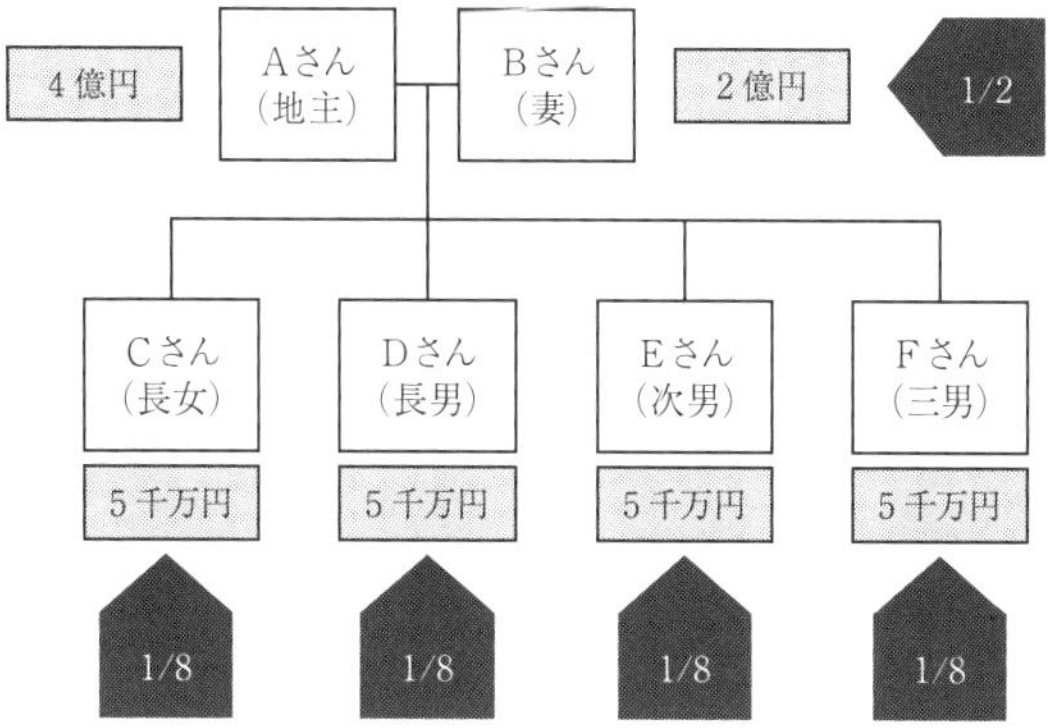

著者作成

Aさんは、代々受け継いだ土地に次の資産を持っていました。

・商業ビル1　1億円
・商業ビル2　1億円
・戸建住宅　1億円
・駐車場　5000万円
・現預金　5000万円
↓相続財産合計額　4億円

これを本来の相続人に対して法定相続に従って等分する場合は、図表9のとおりになります。

図表10　相続割合

相続人	配偶者の相続分	子どもの相続分	直系尊属の相続分	兄弟姉妹の相続分
配偶者と子ども	2分の1	2分の1	—	—
配偶者及び直系尊属	3分の2	—	3分の1	—
配偶者と兄弟姉妹	4分の3	—	—	4分の1
配偶者のみ	1（全額）	—	—	—
子どものみ	—	1（全額）	—	—
直系尊属のみ	—	—	1（全額）	—
兄弟姉妹のみ	—	—	—	1（全額）

著者作成

なお、相続割合については図表10のとおりです。

このとおりだと、それぞれの相続額は、妻のBさんが4億円の2分の1である2億円、子どもたちは残りの2億円となります。子どもたちはC～Fの4人いるので、2億円を4等分した、5000万円が1人あたりの相続金額になります。

ところが、長女であるCさんは、遺言によって1000万円分の現金しか遺産を受け取っていませんでした。本来受け取れる額の5分の1です。Cさんは、そのことをずっと不満に感じていたけれど、誰にも言えずにいました。しかし、不満をそのままにしてはいけないと一念発起し、弟たちとの間で話し合いの場をもちました。結局、解決に至らなかったので、司法解決に持ち込むことにしました。この時点ですでに相続開始から半年が経過しています。

またAさんの遺言で現預金3000万円を、Aさんがこれまで関わっていたすべての慈善団体に寄付しました。残されたBさん・Cさん・Dさん・Eさん・Fさんは不満が溜まっていく一方です。

そこで遺留分侵害額請求の手続きのサポートをすることにしました。

●遺留分侵害額の計算方法

遺留分の計算をするにあたって、まずは各相続人の遺留分割合がどの程度なのかを確認します。

図表11は、一般的な遺留分の割合を示したものになります。遺留分は、相続人の種類によって一定の割合が定められています。相続人が配偶者のみである場合や、配偶者と子どもである場合、配偶者と親である場合などで、取り分が異なります。

図表 11

相続人	相続財産に占める遺留分の割合（権利者全員の遺留分の合計）
子どものみ	1/2
配偶者と子ども	1/2
配偶者と直系尊属	1/2
直系尊属のみ	1/3

著者作成

今回のケースは、図表11の2行目に該当する、相続人が配偶者と子どもの場合の遺留分割合を適用しました。

具体的な遺留分を算定するときには、図表11に記載されている相続財産に占める遺留分の割合に対して、相続人の法定相続割合を掛け合わせたものがその人の実際の遺留分額になります。

つまり、今回のケースですと、遺留分は図表12のような割合になります。

図表10に記載した相続割合と、遺留分割合を掛け合わせたものが遺留分侵害額の割合になるため、当事者それぞれの遺留分侵害額の割合は次のとおりになります。

図表12

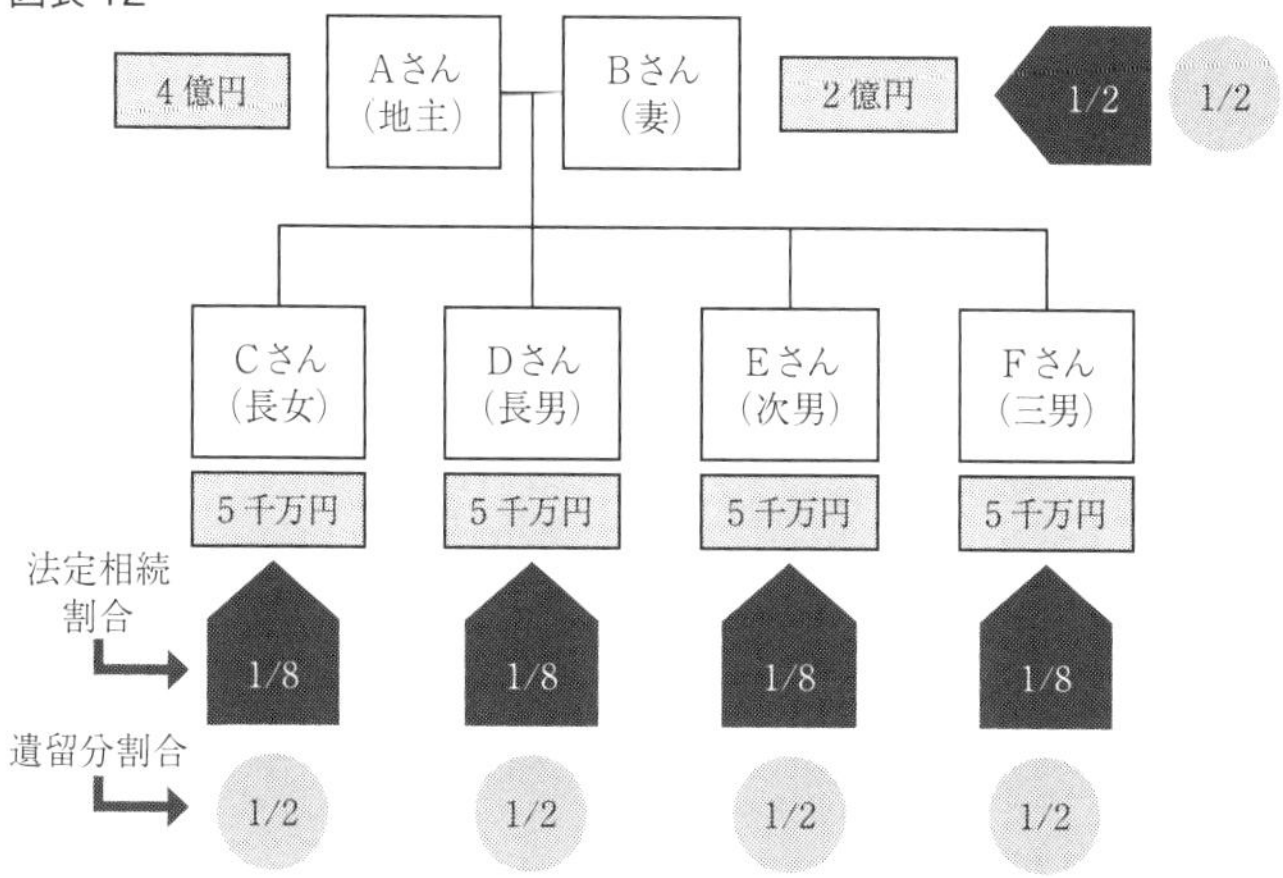

著者作成

・Bさん（妻）　2分の1×2分の1＝4分の1
・Cさん（長女）8分の1×2分の1＝16分の1
・Dさん（長男）8分の1×2分の1＝16分の1
・Eさん（次男）8分の1×2分の1＝16分の1
・Fさん（三男）8分の1×2分の1＝16分の1

これを基にして、遺留分侵害額を割りだすため実数で計算すると次のとおりです。

・Bさん（妻）　4億円×4分の1＝1億円
・Cさん（長女）4億円×16分の1＝2500万円
・Dさん（長男）4億円×16分の1＝2500万円
・Eさん（次男）4億円×16分の1＝2500万円
・Fさん（三男）4億円×16分の1＝2500万円

つまり冒頭で1000万円しか相続金をもらえなかったCさんは、遺留分侵害額として1500万円を請求することができるのです。

●遺留分侵害額請求の手続き方法

遺留分侵害額を請求するには、まず遺留分侵害額請求の相手方となる遺留分侵害額受領者や遺言執行者に対して、意思表示をする必要があります。口頭で意思表示を行っても有効ですが、おおむねそのとおりには運びません。また、遺留分侵害額請求には期限があることから、意思表示を確かに行ったという証拠を残すためにも、内容証明郵便で行うことが一般的です。期限は、相続開始または相続財産が贈与されたことや遺贈されたことを知ったときから1年以内です。期限内に行わない場合、時効でその権利が消滅してしまいますので注意が必要です。内容証明郵便で通知書を送れば、請求をした事実と日にちを記録として残すことができるので、意思表示をした、されていないという不毛な争いを防ぐことができます。

今回のケースでは、遺留分を侵害しているDさん・Eさん・Fさんに、Cさんから内容証明郵便で通知書を送りました。その後、一般的には相手方や遺言執行者と交渉を行います。任意の話し合いで遺留分に関する合意が成立すれば「合意書」を作成し、記録に残しておきます。合意に至らず、話し合いでは解決ができないような場合には、第三者である弁護士を入れて話し合いを継続するか、裁判所を通じて解決を図ることになります。

Cさんは一人では解決に至らなかったため、第三者を介入した司法解決の手段にて手続きを開始することとなりました。なぜならば、遺留分侵害額請求には時効があるからです。Cさんはすでに相続を開始してから半年経過していました。そのため時効を迎えないようにするため急ぐ必要があったのです。

このように期限の問題があるため、身内で話し合いが長引きそうであれば、専門家などの第三者を介して、家庭裁判所で調停を申し立てるなど早急に次の行動に移すことが肝心です。

●遺留分侵害額による調停と訴訟

裁判所を通して遺留分侵害額請求を行う場合には、まず調停を申し立てる必要があります。調停とは、裁判所が当事者双方の意向や事情を聴き、解決案の提示や助言を行って話し合いを進めていくものです。調停でも話がまとまらず、不成立となった場合は、遺留分を請求したい人が原告となって訴訟を提起します。

訴訟とはつまり「裁判」のことです。訴訟の提起先は被相続人の最後の住所地を管轄する裁判所、または相手方と合意した裁判所となります。遺留分侵害額請求の金額（訴額）が140万円以内であれば簡易裁判所、140万円超の場合には地方裁判所に対して訴訟提起することになります。今回のケースでは遺留分請求額が1500万円だったことから、地方裁判所にて訴訟を提起しました。

訴訟では、双方の主張を聞き、裁判官が判決を下すという形で決着をつけます。勝訴判決となれば、相手方から遺留分を得ることができます。もし、相手方が遺留分の支払いに応じない場合には、強制執行手続きを取ることができます。

今回は訴訟まで持ち込みました。判決の結果、Cさんが勝訴となり、遺留分である

1500万円が、Dさん・Eさん・Fさん側から支払われました。

本来の法定相続額である5000万円よりは少なくなりましたが、当初1000万円しか相続されなかったことを考えると、1500万円支払われたことには大きな意味があったと思います。

【解説】遺留分侵害額請求をスムーズに進めるコツ

●侵害額請求について知識を得る

遺留分侵害額請求をする場合のポイントは、期限が決まっているということです。すなわち、請求しようと思ったら待ったなしで、手続きもスムーズに進める必要があります。そのためには、準備と交渉の余地を設ける必要があります。具体的には次のとおりです。

・事前に当主の財産総額を整理しておく
・主張や証拠はあらかじめ準備しておく
・交渉中は譲歩することも大切

遺留分を請求する前段階として、被相続人である当主の総財産の整理は必要です。財産は不動産に限らず、現金・有価証券・不動産・金品などが挙げられます。この洗い出しを間違えると総財産額が変わってしまいますし、さらには各人の相続額および遺留分侵害額も変わってきます。したがって、慎重に基礎情報を整理することが大切です。そうした財産整理は一般の人が一人で行うには煩雑なため、私たちのような専門家とともに精査していくことが有効です。

次に、調停に臨むための準備です。調停は、裁判のように主張書面や証拠を提出する義務はありません。基本的に話し合いでの手続きになります。しかし、多くの人は調停とは無縁です。厳粛な雰囲気の調停の場で、言いたいことを簡潔に話すというのは難しいことです。さらに複雑な事案では、長時間にわたって詳細に事実関係を説明しなければならないこともあります。口頭だけの説明だと調停委員が十分に事案を把握することができない可能性もあります。そのため、事案の詳細についてはあらかじめ書面にまとめて裁判所に提出しておくと、事案の進行がスムーズに進みます。また、主張を裏付ける証拠がある場合には、添付資料として提出することで、その後の訴訟がスムーズに進みます。

最後に譲歩です。遺留分侵害額請求においては、交渉内容を譲歩することも大切です。もちろん、原告側が望む満額で解決するのが理想です。しかし、相続財産が現預金以外の場合、資産の価格を決める評価方法は複数あるため、それぞれ主張する評価額に差が出ることがあります。しかし、かたくなに自己の主張を押し通すと、長期化するだけでなく、調停委員や裁判官の心証も悪くなります。遺留分侵害額請求には期限があります。硬直して前に進まないという最悪の事態を避けるためにも、状況によっては、相手の主張する評価との間を取るなど、譲歩の姿勢を示すことも重要です。

CASE ⑥ 納税のための不動産売却

●相続税を捻出するために、所有物件を整理

Aさん：地主／Bさん：地主の長男一家（妻・子1人）／Cさん：地主の長女／Dさん：地主の次女

地主Aさんの息子であるBさんは、Aさんからゆくゆく受ける予定である相続財産について漠然とした悩みをもっていました。というのも地主であるAさんが高齢化し、病気がちであることから、準備をする前に突然他界されるのではという不安があったからです。

Aさんは自宅の土地を含めた5つの不動産を所有していました。その内訳は次のとおりです。

図表13

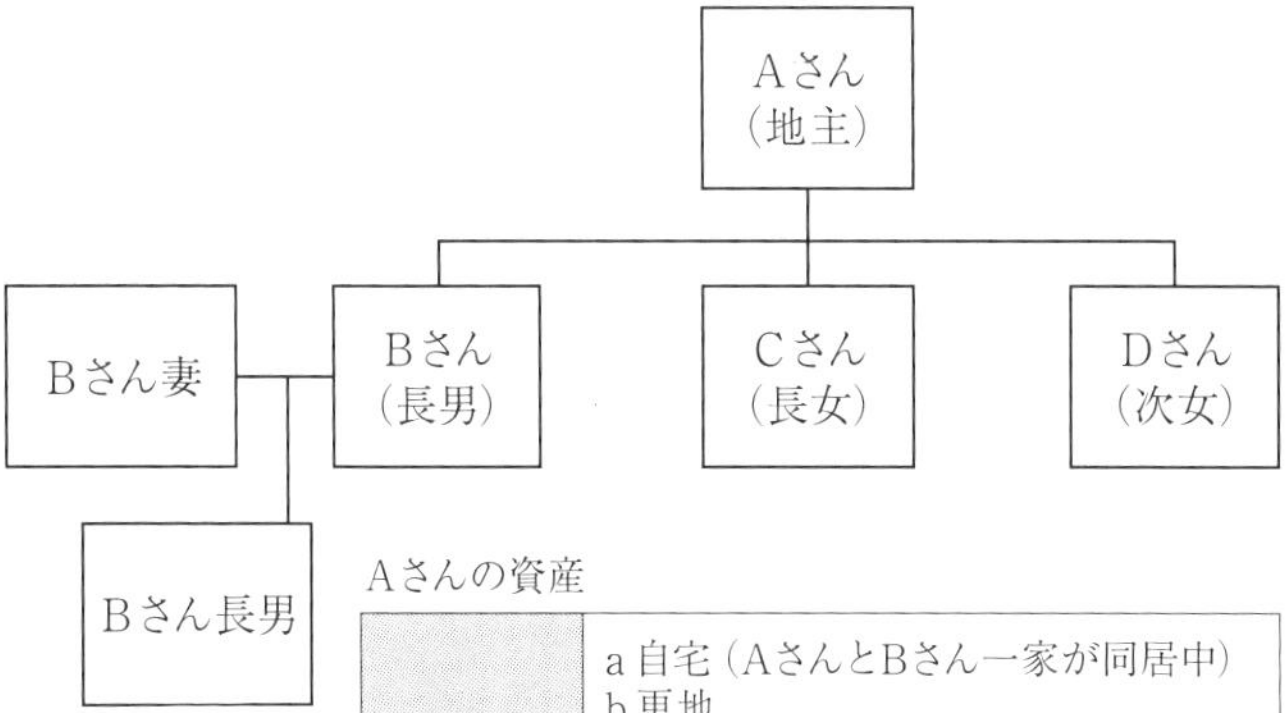

Aさんの資産

不動産	a 自宅（AさんとBさん一家が同居中） b 更地 c 遊休地 d 休耕している農地 e 法人に無償貸与している土地

著者作成

a 自宅（AさんとBさん一家が同居中）
b 更地
c 遊休地
d 休耕している農地
e 法人に無償貸与している土地

自宅を含めたこの5つの不動産の相続がすんなりいくかどうかが焦点でした。というのも、所有する5つの不動産には年間300万円もの租税公課がかかっていました。Aさんは土地を所有する当主ではあるものの、更地や遊休地、無償貸与している土地ばかりで収入がありません。会社員であったAさんにとって300万円の租税支

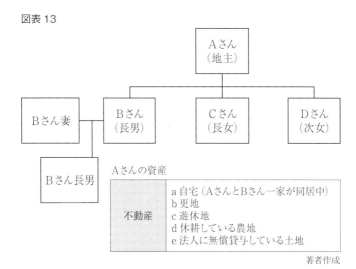

払いは単に土地を維持するための出費で、非常に負担だったのです。

そのため、以前は10カ所ほど土地を所持していたのですが、租税を支払うために少しずつ売却していきました。その結果、形状や立地の問題で売りにくい土地ばかりが残ってしまいました。同じように今後の租税の支払いのために土地を切り売りしたくとも思うように売れない、つまり今の手法では限界を迎えている状況でした。

こうした一連の流れを近くで見て把握していたBさんは、自分が相続したら同じように苦労することを想定していました。そこで、相続する前に円滑に租税の支払いができるように状況改善をしたいと思ったのです。また、Aさんが他界した際には、同じく相続人となるCさんとDさんにも分配できる資金の準備も必要でした。

このような状況下のBさんに、私は次のプロセスを提案しました。

①現状の所有地を相続する場合の相続税シミュレーション
②Aさんとの任意後見契約、Bさんに家長承継するための遺言をそれぞれ作成
③Bさんの遺言作成（Bさん妻とBさん長男のため）

④ROA分析（総資産から、どのくらいの純利益を得られたか計算して、経営効率の良し悪しを分析する指標）の実施。納税原資の確保のため、施策を打つ計画を立てる
⑤所有する土地に戸建賃貸の建築
⑥遊休地を行政に売却
⑦休耕地を隣接耕作農家へ無償贈与
⑧これまで無償貸与地だった土地を法人に売却
⑨ROA分析

このプロセスのポイントは、財産分与と納税資金の確保です。Bさんの預金は当時3000万円しかなかったため、年間300万円の租税支払いは10年しか継続できない状況です。さらに、相続税と財産分与に至っては資金がない状況ですので、これらを生みだす必要がありました。

まず行ったのが現状把握としての相続税額の試算（相続税シミュレーション）です。これによって、5つの土地を相続すると、推定1億6000万円の相続税が発生することが

分かりました。つまり、今すぐ相続すると、

1億6000万円－3000万円＝1億3000万円

この金額が不足している状況です。さらに財産分与のための現金を生みだす必要もありました。

そこで次のプロセスとして、所有する土地の売却をする計画を立てました。しかしAさんが他界したあと、子どもたち同士で資産分配争いが起こらないよう、財産分与についての遺言整理をする必要がありました。そこで、AさんからBさんに家長承継するための遺言作成を行い、さらにBさんの遺言作成も行いました。そのうえで、所有する自宅以外の土地を利活用または売却するプロセスに着手しました。

まず行ったのが、現在更地の土地bへの賃貸用住宅の建築です。これは、今後永続的に発生する納税資金を確保するため、そしてオーナーとして家賃収入を得るための策です。

続いて着手したのが、c（遊休地）、d（休耕している農地）、e（法人に無償貸与して

いる土地）の売却です。ｃの売却は、前面道路が細い坂道になっており、非常に扱いにくい土地でしたが、公有地の拡大の推進に関する法律（公拡法）にかかっており、行政に相談したところ、行政で取得することとなりました。ｄについては、隣接している土地で耕作している農家へ無償贈与を行いました。このことでＡさんが負担する土地の課税額が減り、ＡさんとＢさんにとって現預金が目減りせずに済みました。

最後にｅの売却をしました。実はこれまで50年近く隣地の幼稚園に対して、園庭として土地を無償貸与していたのです。しかし、50年以上も使用していたこと、今後ＡさんからＢさんに地主が代わることを鑑みると、今後は貸与ではなく、幼稚園に購入してもらうほうが管理の煩雑さが減るため、得策だと判断しました。幼稚園との面談は10回以上行いました。50年無償で使用していたものが有償になるのですから、簡単に購入に至らないことは明白でした。交渉は、半年近くかかりましたが、なんとか購入してもらうことができました。このおかげで多額の現預金が確保できました。

３つの土地の整理を完了したあと、再度ＲＯＡ分析を行いました。この時点で売却地が３つあったことで、推定１億６０００万円の相続税が５０００万円まで減額し、さらに納税用現預金は3つの土地を売却したことで1億3000万円まで増額しました。つまりこのような収支状況になります。

現預金1億3000万円－土地整理後の相続税額5000万円＝8000万円

つまり、8000万円の余剰金が生まれたのです。この余剰金があれば、CさんとDさんへの財産分与金も十分につくることができます。その後、無事に相続が完了しました。

●多数所有している物件を選別して売却検討

Aさん：地主／Bさん：地主の長男一家（夫・妻）／Cさん：地主の次男／Dさん：地主の三男／Eさん：地主の長女の子／Fさん：地主の次女

Aさんは自宅の土地を含めた6つの不動産を所有していました。その内訳は次のとおりです。

図表 14

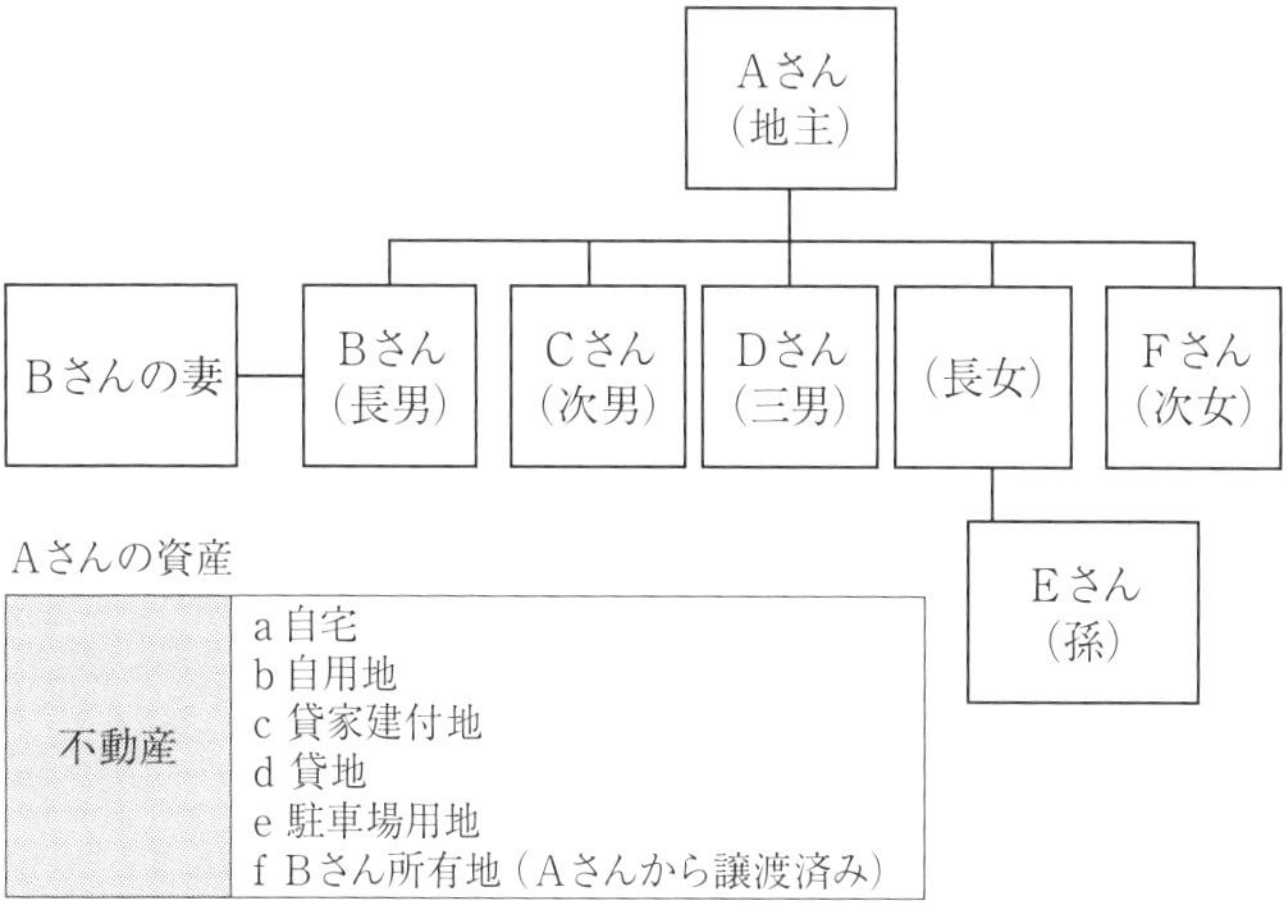

著者作成

a　自宅
b　自用地
c　貸家建付地
d　貸地
e　駐車場用地
f　Bさん所有地（Aさんから譲渡済み）

地主であるAさんは、私が相談を受けたときにはすでに年齢が１００歳を超えており、子どもたちも全員70代と高齢になっていました。また、相続するにしても預金はほとんどなく、資産の9割以上が不動産という状況でしたので、遺産分割用の現金と納税資金を確保する必要がありました。そこでBさんから私に相談があり、次のプロセスを提案したのです。

①現状の所有地を相続した場合の相続税シミュレーション
②ROA分析の実施
③守っていく相続地と売却地を分ける
④売却候補地を売却
⑤納税資金の確保

このプロセスのポイントは、財産分与と納税資金の確保、さらに相続財産の確保です。現預金が1000万円しかない一方、6つの土地・建物の固定資産税評価額は5億7000万円にものぼります。これらの6つの土地を相続すると、相続税が1億4000万円も発生するため、次の金額を確保する必要がありました。

1億4000万円－1000万円＝1億3000万円

家族で使用している土地a・b・fはそのまま相続地として残すとして、資産運用が可能なc・d・eについては、相続時にどの土地を売却するかが争点となりました。結果的にはeの土地を売却することにしました。なぜならば駐車場だったからです。駐車場はc・d・eの土地のなかで最も収益性が低く、それでいて固定資産税額が住宅地よりも高いため、保有し続けるにはリスクを伴います。当該土地は特に面積が大きかったため、広大な土地を希望する事業者から買い取りしてもらいやすい状況がありました。

このように事前準備が万全であったため、Aさんが他界後に、eの土地はすぐに売却することができました。売却時の価格は次のとおりです。

売却価格2億2000万円＋現預金1000万円
↓eの土地の売却後の現預金2億3000万円－土地整理後の相続税額4000万円＝
1億9000万円

土地を整理する前の推定相続税額が1億4000万円だったのに対して、整理したあとの相続税額は4000万円に圧縮できました。いかに駐車場の相続予定税額が大きかったか分かります。このやっかいな駐車場の土地を売却したことで、余裕をもって相続税を支払えたどころか、支払い後には1億9000万円もの余剰金が生まれ、Cさん、Dさん、Eさん、Fさんへもしっかりと財産分与金を支払うことができました。

【解説】自力ではハードルが高い

●物件売却のために立ち退き交渉

財産を売却する際、特に賃貸用不動産を売却する場合は、まず賃借人から明け渡してもらう必要があります。つまり立ち退き交渉が発生するのです。こうした交渉を行う際、方法が2つあります。1つ目は地主自らが交渉する方法、2つ目は不動産管理会社などの専門業者が行う方法です。

しかし後者の方法だと、不動産管理会社は明け渡してほしい旨の連絡はしますが、それ以上の交渉となると、尻込みしてなかなかしてくれないのが実情です。というのも、立ち退き交渉を不動産業者が業務として行い報酬を受け取ることは違法行為だからです。場合によっては懲役や多額の追徴金が発生します。

つまり、不動産管理会社は明け渡しを促すことはできても、積極交渉まではできません。したがって、立ち退き交渉は本来、地主自身が行うのが望ましいのです。とはいえ、立ち退き交渉は長期化しやすく心理的にも負担がかかります。確かに、地主一人で行うには難しいのも確かです。そこで、不動産業者がサポートをしながら、最終的には弁護士などに依頼することもあり得ます。

立ち退き交渉を成功させる最大のポイントは、賃借人が立ち退き請求を受けた際に感じる最大の不安は何かを考えることです。賃借人は主に次のような点を不安に感じます。

①引っ越し先の確保
②引っ越し代、敷金、礼金の負担

つまり、立ち退きによって今確保している安定した環境がなくなることが不安なのです。そこで立ち退き交渉を行う際には、立ち退き後の環境を安心して確保できるような条件を用意しておくことが大切です。もし一軒でも立ち退きを拒否する物件が出て交渉が長引くと、土地の売却が進行しなくなります。細心の注意を払って速やかに行動することが肝要です。そのためには誠意を示すことが重要で、長年賃借してくれたことへの感謝を示し、丁寧に明け渡しの説得をします。

実際には、賃借人との契約形態で若干交渉状況が左右されます。契約形態のなかには期間が定められているものもあり、一度契約終了を迎えると再更新をすることが難しくなるのです。

また、「借地借家法」のなかでも、特に貸主が借主に対して立ち退きを要求する場合に押さえておきたいポイントは次の2つの条文です。

①第26条1項
②第28条

それぞれの条文の内容を簡単に示すと次のとおりです。

①賃貸借契約更新日の6カ月前までに「更新拒絶・解約申し入れ」を通知、立ち退きの意思表示をしなければならない。この通知をしない場合は、前回の契約と同条件で契約を更新したものとみなされる

②貸主が借主に対して更新拒絶や解約申し入れを行う場合、借主に対して建物からの立ち退きを求めることについて「正当事由」が必要である

このように、日本の法律では、貸主の都合で入居者である借主に立ち退きを請求することは、かなりハードルが高いのです。ただし「正当事由」があれば問題はありません。この正当事由を全面的に打ち出しつつ、賃借人の心情に誠実に寄り添うことが交渉成功のポイントです。

CASE ⑦ 広大地所有の地主による相続税問題

●広大地とはどんな土地？

広大地について、国税庁は次のような指針を示しています。

その地域における標準的な宅地の地積に比して著しく地積が広大な宅地で、都市計画法第4条第12項に規定する開発行為（注1）を行うとした場合に公共公益的施設用地（注2）の負担が必要と認められる宅地

ただし、大規模工場用地（注3）に該当する宅地、および中高層の集合住宅等の敷地用地に適している宅地（注4）は除かれる

（注1）都市計画法第４条第12項に規定する開発行為とは、主として建築物の建築又は特定工作物の建設の用に供する目的で行う土地の区画形質の変更をいいます。

（注2）公共公益的施設用地とは、道路、公園等の公共施設の用に供される土地および教育施設、医療施設等の公益的施設の用に供される土地をいいます。

（注3）大規模工場用地とは、一団の工場用地の地積が５万㎡以上のものをいいます（ただし、路線価地域においては、大工場地区として定められた地域に所在するものに限ります）。

（注4）中高層の集合住宅等の敷地用地に適しているものとは、その宅地について、経済的に最も合理的であると認められる開発行為が中高層の集合住宅等を建築することを目的とするものであると認められるものをいいます。

簡単に一言で表すと、広大地とは「普通の宅地よりもかなり大きな一団地」ということになります。さらにその定義を要約すると次のようになります。

①その地域における標準的な宅地の地積に比べて著しく地積が広大な宅地である
②開発行為を行う場合に、道路など公共公益的施設の負担が必要である
③大規模工場用地に該当しない
④中高層の集合住宅用の敷地（マンション等の敷地）に該当しない

宅地よりも著しく大きいけれど、大規模工場や中高層マンションが建つほどではない、そんな感じです。非常に定義があいまいなのです。

●広大地の面積判定はどのようにする？

広大地の面積判定に迷う人は一定数います。「著しく地積が広大」とありますが、「何㎡から広大なのか？」。これについては、原則として以下のような決まりがあります。

（1）市街化区域、非線引き都市計画区域
市街化区域 三大都市圏：５００㎡以上
市街化区域 それ以外の地域：１０００㎡以上
非線引き都市計画区域：３０００㎡以上

（2）用途地域が定められている非線引き都市計画区域
市街化区域に準じた面積

あくまでも原則なので、例外も存在します。例えば首都圏では、前述した面積未満の事案でも、広大地と判定されることがあります。原則の広大地要件がありながら、各市町村にそれぞれ適用要件が存在するので注意が必要です。

なお、（1）に記載した、広大地判定を行う場合の三大都市圏とは、具体的には首都圏、中部圏、近畿圏のことです。これら3つのエリアの既成市街地、近郊整備地帯、既成都市区域、近郊整備区域、都市整備区域に規定された市町村の市街化区域に広大地が所在する場合、原則500㎡以上で広大地適用の要件を満たすことになります。

ただし、これら市町村のすべての地域に、前述で示した広大地の原則方針がそのまま適用されるとは限らないため、最終的には各市町村の担当部署へ個別に確認する必要があります。

●広大地判定されたらどうなる？　相続税が多大？

相続した土地が広大地として判定されると、相続税の土地評価額が大幅に減額されます。これを「広大地評価」といいます。大きな節税効果が見込まれることになります。その土地評価額の減額は、最大で65%になります。

実際評価を導くための計算式が存在します。

広大地評価額＝広大地の面する路線価×広大地補正率×広大地の地積

広大地評価額を導きだすには、まず「広大地補正率」を算出する必要があります。その

図表15

0.6−0.05×広大地の地積÷1000㎡＝広大地補正率		
1000㎡	0.6 − 0.05 × 1000㎡ ÷ 1000㎡ ＝ 0.55	45%減額
2000㎡	0.6 − 0.05 × 2000㎡ ÷ 1000㎡ ＝ 0.5	50%減額
3000㎡	0.6 − 0.05 × 3000㎡ ÷ 1000㎡ ＝ 0.45	55%減額
4000㎡	0.6 − 0.05 × 4000㎡ ÷ 1000㎡ ＝ 0.4	60%減額
5000㎡	0.6 − 0.05 × 5000㎡ ÷ 1000㎡ ＝ 0.35	65%減額

著者作成

ための計算式は次のとおりです。

広大地補正率＝0・6−0・05×広大地の地積÷1000㎡

例えば1000㎡の土地であれば広大地補正率は次のようになります。

0・6−0・05×1000÷1000㎡＝0・55

（45％減額）

これは、土地の面積が大きくなるにつれて減額率も高くなる仕組みで、最大で65％まで減額が可能です。その減額幅は次のとおりです。

土地面積が1000㎡の場合：0・55（45％減額）
土地面積が2000㎡の場合：0・50（50％減額）
土地面積が3000㎡の場合：0・45（55％減額）
土地面積が4000㎡の場合：0・40（60％減額）
土地面積が5000㎡の場合：0・35（65％減額）

広大地補正率を算出したら、前述した広大地評価額の計算式を用いて土地の評価額を導きます。具体的にはどのように計算するのか、実際の事例で解説します。

●3反所有する地主の相続税額はいかほどか？

Aさん：元農家の地主90歳／Bさん：Aさんの息子

Aさんは元農家の地主です。駅から徒歩30～40分圏内にある広大な土地を複数所有しています。土地の内訳は、主に宅地やアパート、マンション、更地などです。これまで資産運用はあまり積極的に行っていませんでしたが、所有する土地をBさんに相続することを考え始めたなかで、広大な土地を相続することは得策ではないのではと不安に感じたそうです。そこで、私に相談がありました。

まず、土地を相続する際にどの程度の相続税が発生するのかを分析してみることにしました。例えば相続対象地ａについてですが、ａの面積は約3反、つまり約3000㎡です。Ａさんの地域では広大地に認定されます。ａの前面道路に引かれている相続税路線価は15万円なので、普通の土地の場合は、相続税路線価×地積で計算をするため、相続税評価額は次のようになります。

15万円×3000㎡＝4億5000万円

ただし、広大地の場合は「広大地補正率」が適用されます。土地面積が3000㎡の場合は0・45（55％減額）なので、計算式は次のようになります。

図表16

	相続税評価額×地積	相続税評価額
普通の土地	15万円×3000㎡	4億5000万円
広大地	15万円×0.45×3000㎡	2億250万円

広大地補正率

2億4750万円のプラス

著者作成

15万円×０・45×３０００㎡＝２億２５０万円

つまり、広大地評価であれば次の金額分が減額されるのです。

４億５０００万円－２億２５０万円＝２億４７５０万円

これは税金対策として大きなメリットといえるでしょう。

【解説】実は「広大地評価」はすでに廃止

●新設された「地積規模の大きな宅地の評価」とは？

実はこの広大地評価は、2017年度の税制改正によって廃止されています。広大地と判定されると相続税の軽減措置など節税のメリットがあります。一方、広大地と判定されるか否かの基準にあいまいさがある問題が残る制度ともいわれていました。実際、税務署によって広大地ではないと否認されてしまう事案も多く発生しました。否認されたことを抗弁する際に、広大地であることを示すための申告書に、専門家の証明書として、不動産鑑定士や税理士等の意見書を添付することもあります。このような書面を提出して、審判所や裁判所で争われたケースもありました。

このようにトラブルや混乱を招いていた広大地評価に代わって、2018年1月1日以降の相続から適用されたのが「地積規模の大きな宅地の評価」です。

こちらも広大地評価と同様に、面積が著しく広い土地の評価額を減額できる制度ですが、適用要件がより明確になりました。その要件とは次のとおりです。

路線価地域に土地が所在する場合、地積規模の大きな宅地のうち、

普通商業・併用住宅地区および普通住宅地区に所在するもの

広大地評価から地積規模の大きな宅地の評価に代わることで、相続税が増えるケースと減るケースが生じました。広大地評価の制度下では、中小工業地区の土地も広大地評価の適用の可能性がありました。しかし、地積規模の大きい新たな宅地の評価では、中小工業地区は対象外なので適用されません。つまり、相続した土地が中小工業地区にある場合は、広大地評価のときより相続税が増える可能性があるのです。ただし、普通住宅地に広大な土地を所有している場合は、より定義が分かりやすく、税の減額を適用しやすくなります。まずは、自分の土地が普通商業・併用住宅地区および普通住宅地区に所在するものかどうかを確認してください。

●相続のために最適な売却をする

ここまで相続することを前提に、広大地評価および地積規模の大きな宅地の評価について解説をしてきました。広大な土地を相続することは確かに有利です。これまでに示したように、かなりの税額が減額されるからです。ただし、賃貸経営に有利な土地で収益化できるのなら、相続しても資産の活用がしやすいですが、そうした状況でない場合は、早めに資産整理をすることも賢明な選択肢の一つです。

というのも、広大地を普通の不動産売買の市場で売却しようとすると、一般的には単価が安くなりがちだからです。端的に理由を述べると、広大な土地をまとめて使用する者が少ないからです。ショッピングセンターや中・大規模マンションを建てるには、相当な資本力が必要ですし、そうした施設に適した土地とも限りません。しかし、戸建住宅用の宅地や小規模マンション用地であれば、比較的需要があります。広大地となると需要と供給が見合わず、結果単価が下がるのです。

では、あらかじめ分割して売ればいいかというと、そう簡単にはいきません。というのも、土地を分割する場合は、地積の測量や分筆、登記といったさまざまな作業が発生し、手間もかかります。また、これらの作業は有資格者しか行えません。そのため、分割して売却するとしたら、まず不動産業者にすべての土地を購入してもらい、不動産業者のほうでその土地を分割して売却することになります。このような理由から、一般的には土地を分割して売却することは難しく、広い土地を所有している場合はそのままとめて売却するしかないのです。

このことを鑑み、広大地の地主は相続するのか売却するのか判断したいところです。売却する場合は、広大地の知識に明るい専門業者と相談しながら検討を進めていきましょう。

CASE ⑧ 複数兄弟による遺言係争

●複数共有者ならではの相続トラブルが発生

Aさん：地主（他界）／Aさんの妻：他界／Bさん：Aさんの長男
Cさん：Aさんの次男／Dさん：Aさんの三男／Eさん：Aさんの四男
Fさん：Aさんの五男

Aさんは、複数の不動産と現金を所有する地主でした。所有する不動産は、オフィスビル、賃貸マンション、賃貸アパート、更地、駐車場といったものでした。資産総額は50億円超で、うち現預金は1億円程度でした。

これらを相続するにあたり、Aさんは不動産すべてを五男のFさんに譲渡し、残りの現

図表17

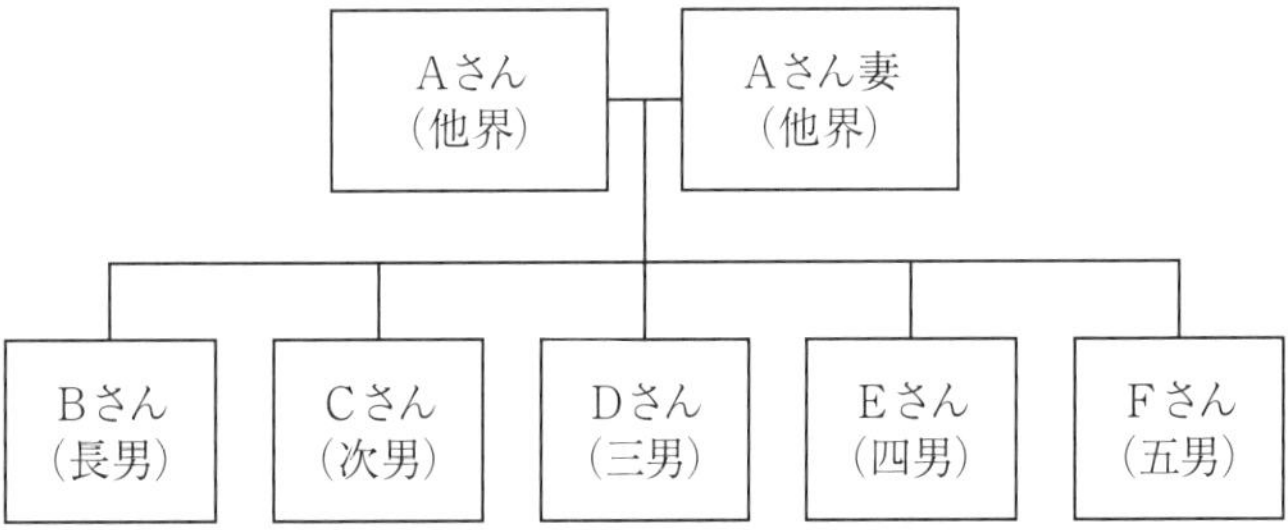

Aさんの資産（総額50億円程度）

不動産	オフィスビル、賃貸マンション、賃貸アパート、更地、駐車場
現預金	1億円程度

預金をほかの家族に分配するという遺言書を残し、Aさん夫婦は他界しました。そのためFさんは、Aさんの所有していた不動産のすべてを相続し、残りの現預金については、その他の兄弟それぞれで分配し、相続をしました。

しかし、それから半年後のことです。この相続割合に対して不満をもつ兄弟たちが異議を唱えました。

彼らは、当初は当事者同士で遺産割合に関する協議を行ってきましたが、協議を始めると言い争いになったため交渉がストップ。ついに民事解決の手段を検討し始めました。こうしたなかで兄弟のうちの一人がこの状況を解決したいと不動産コンサルタントである私に相談をくれたという経緯です。

まず相談をもらってから、当事者を集めて改めて複数回、協議をしました。しかしやはり状況は変わらず、集まれば喧嘩が始まってしまいます。そのたびに、私は一緒に対応していた税理士と当事者たちの間に入り制止するという事態が頻発していました。

理想的なのは全員で遺産割合について協議し、おのおのが当初の法的な相続割合にて資産を相続することに合意することです。とはいえ、明らかに当事者同士が冷静に話し合うことが難しく、今後もこの状態が解消する見込みがないことを鑑みると、第三者が介入し、さらには法的な解決方法を用いることが望ましいという結論になりました。

Fさんが相続した資産は相続税が発生するので、ほかの兄弟に分配したとしても、相続者の資金体力によっては税金の支払いができない場合も考えられました。こうした状況を踏まえると、私は一部の不動産は金銭解決＝不動産を売却して、その売却金を清算する方法が望ましいと考えました。

しかし、このケースで相続した土地は、５００㎡を超えた面積です。あとのケースでも紹介しますが、大規模な土地の場合、個人間での売買は難しく、事業者との売買になります。収益物件も物件規模の大きいものが多く、一筋縄ではいかないものが多くありました。そこでこの売却についてもサポートをすることにしました。

●当事者間との密なコミュニケーション・ヒアリング

売却および金銭解決のために、私が心掛けたことは、一人ずつ一対一で話し合い、家族間の問題についてはいっさい触れない、という点です。

私情を挟まず、損なのか得なのか、このことを心掛けながら一人ずつ説得していき、最終的には全員から相続割合の変更、不動産の売却・清算の合意をもらうことができました。

このように最終的には訴訟を挟まずに不動産を売却し、生まれた売却金を元にして無事に幕引きとなりました。具体的には、オフィスビルと賃貸アパートは所有維持とし、その他の賃貸マンション、更地、駐車場はそれぞれ売却し、その売却金を元にFさん以外の兄

図表18

所有維持	売却
オフィスビル	賃貸マンション
アパート	更地
	駐車場

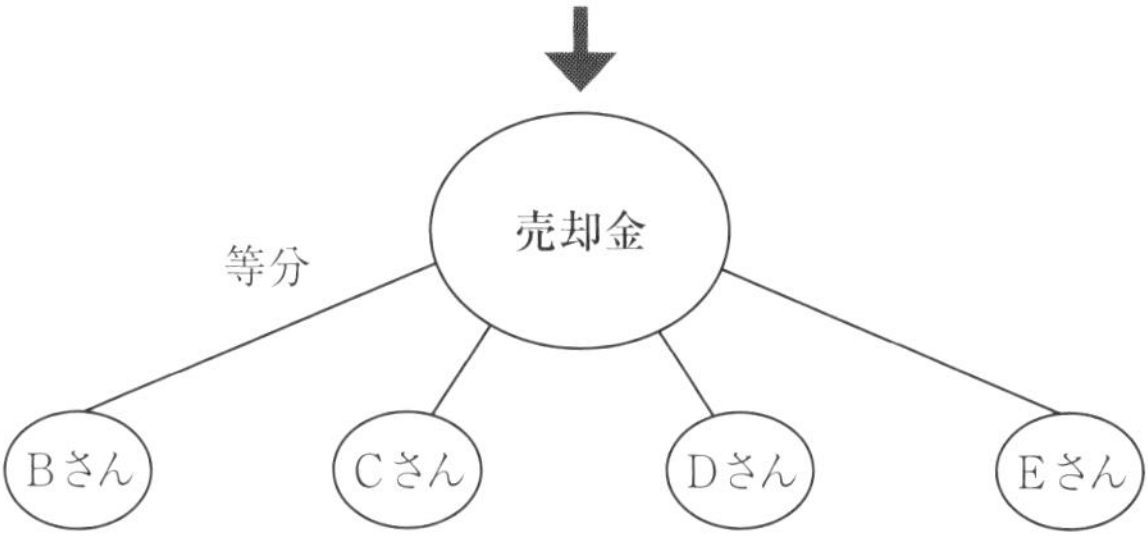

弟で等分しました。

【解説】遺言係争の解決ポイント

遺言は一般的に「残された者がもめないようにするための書面」と認識している人が多いと思いますが、残された者がもめる原因にもなる場合もあります。実は諸刃の剣で、今回は遺言があったがためにもめたケースです。

特に今回の遺言の最大の過ちは、Aさんが一人で遺言内容を書面に残して、他界してしまったことです。まさに死人に口なしです。

Aさんがなぜ F さんに資産割合を多く充てたのか誰も理由を知りません。それゆえ、Fさんに対して兄弟間で不信感が募り、感情がもつれて、争いごとにつながっていってしまったのです。

●遺言作成の際には話し合いが理想

原則として他界した者の資産は相続人に対して引き継がれます。これを「相続」といいます。しかし、被相続人の資産を各相続人にどういう割合や形態で相続するかについてまで法律で答えが決まっているわけではありません。

そのため、相続人全員で資産をどう分けるのか具体的な方法について話し合いを交えて決めることになります。これがいわゆる「遺産分割協議」です。しかし、遺言書が存在する場合には、原則的に遺言書における遺産分割内容が優先されます。その内容が理不尽かつ不公平だったために、今回の事例ではもめてしまったのです。

なお、相続する際には誰がどのような順位で相続するのかが重要になります。これについては、民法上で規定があります。遺言書が存在する場合は遺言書の内容に従いますが、

図表 19

常に相続人となる遺族
配偶者
配偶者以外で相続人となる親族
第1順位　子
第2順位　直系尊属
第3順位　兄弟姉妹

遺言書が存在しなければ図表19のような相続順位になります。

今回の事例だと、配偶者であるAさんの妻もすでに他界しているため、子であるBさん・Cさん・Dさん・Eさん・Fさんの5兄弟だけで相続するケースに該当します。したがって、相続人である兄弟全員で資産分割の協議をする必要があります。なお、法定相続分に従って分配するならば、兄弟全員で等分することになります。

もし遺言書がなければ、こうしたルールにのっとって協議ができたので、争いにならなかったかもしれません。このように遺言はデメリットももち併せています。

それでも多くの遺言書は、地主自身の意思で作成されることが多く、結果的に民法上の規定を考慮しない遺言内容になることが多々あります。実際に「どうしても長男にすべての資産を残したい」「どうしても三男に資産の8割を相続してほしい」といった、明らかに資産割合が偏重した内容もこれまでたくさん見てきました。もちろん、家族間の力関係や事業承継といった事情を鑑みて、絶妙なバランスの遺言内容を作成している場合もあります。しかしながら、理論より個人の感情に突き動かされて遺言を作成している人のほうが多い印象です。

私たちは年間50件ほど、遺言の作成相談を受けています。その際に、この遺言だと争いごとになりそうだ、これでいいのだろうかと心配になる内容をたくさん目にしてきました。そのたびに、このような内容の偏重や他者の理解を得ずに作成された遺言は相続後にトラブルが起こる可能性があると注意喚起しています。それでも、地主自身が意思を貫き、自分の思いどおりの遺言が作成されてしまうこともあります。その結果、残された家族が争いを起こす場面を目の当たりにして心苦しくなります。

一方、相続する子どもたち世代の方にお伝えしているのは、自身の両親が生きているうちに、家族同士で資産相続の話し合いをしてほしいということです。そのもとで遺言が作成されれば、もめることは少ないはずです。生前に死んだあとのことを話し合うのは縁起が悪い、俺を殺す気かと嫌がる親は多いのですが、死んだあとにかわいい子どもたちが骨肉の争いをするのを願う親はいません。デリケートな問題ですので、そうした部分にも細心の注意を払いながら、ぜひそうした話し合いの場をもってほしいものです。

そうした話し合いの場がもてない、あるいはすでにもめてしまってらちが明かないという場合は、こじれ過ぎて修復不可能になる前に、第三者に入ってもらうことが大切です。

本事例のように5人も相続人が存在すると、それぞれに利害関係や思惑が異なり、力関係が複雑になります。これは一般論ですが、兄弟同士はおおむね意見が統一されているのに、それぞれの配偶者が「なんでうちの取り分が少ないの？」と納得しないがために、もめごとが長引くというケースも多々あります。

あるいは、家族同士の好き嫌いという感情の軋轢《あつれき》が、事態を深刻化させることもあります。まさに一筋縄ではいかないのです。

ましてや今回の事例は、長らく建設的な話し合いは行われてきませんでした。完全に膠着状態で、意思の疎通がないことでいっそう疑心暗鬼の念や不公平感がお互いに積もってしまいました。こうなると、もはや感情論でしか物事は動きません。最悪の場合、ニュースになるようなトラブルが起こる可能性もゼロではありません。時間はかかりましたがそうなる前に、私が第三者としてサポートをし、無事に解決できたのは不幸中の幸いでした。係争状態に入った場合は、家族ではない第三者が間に入らないと解決には至らないと思います。

●解決ができない場合は弁護士への相談も検討

不動産のエキスパートによるサポートでも解決しない場合は、法律のエキスパートである弁護士に相談することも大切です。

特に不動産に詳しい弁護士であれば、不動産相続に関する法律や規則に深い理解をもっており、実例や判例などを知っているため、適切なアドバイスを受けることができます。

また、弁護士は交渉の専門家であり、より客観的な立場から話をすることができます。

相続人同士の感情が高まると、理性的な対話が困難になりがちですが、一流の弁護士はそのような状況でも冷静に交渉を進めることができます。さらに、弁護士は公正な第三者として行動するため、争いがエスカレートするのを防ぐことができます。

争っている相続人同士がお互いに弁護士を雇えば、話はより早いはずです。そうした効果により、不動産相続問題の解決にかかる時間と労力を大幅に節約できます。

もめごとは何も生みだしません。早くすっきりさせて、相続した不動産で資産運用したほうがよほど生産的だと思います。

CASE ⑨ 手続きが長期化しがちな区画整理予定地の売却

●土地区画整理事業とは何か

土地区画整理事業は、道路や、公園、河川などの公共施設の整備と改善、宅地の利用増進を図るため、土地の区画形質の変更を行い、利用の促進を図る事業です。国の市街地整備が代表的で、戦前、戦後を通じて地域の多様な課題に対応するために活用されています。２００５年度末までに全国で約40万haの市街地整備が実施されています。目的は実に多様です。例えば、密集市街地の解消や、中心市街地の活性化、商業・業務等の市街地の形成、災害時の延焼抑制や避難場所と避難経路の確保、新たな宅地開発、工業団地の整備などが挙げられます。例えば事例として記憶に新しいのは、東日本大震災からの復興土地区画整理事業です。

ではこの土地区画整理事業はどのような形で進められていくのか説明します。事業の開始は、まず国や行政などで区画整理事業の該当エリアの決定をします。のちに、区画整理予定地を指定（仮換地の指定）し、国や行政は土地の所有者から土地を提供してもらい（減歩）事業を推進していきます。

仮換地の指定を受けた土地は、工事や建物移転を行い、仮換地の所有権利を換地上に移行します。このことを換地処分といいます。換地処分がされたあとに、土地区画整理事業者は、該当事業内の土地・建物の登記移転を行い、換地に伴う清算金を交付し、土地区画整理事業は完了となります。

こうして提供してもらった土地は、道路・公園などの公共用地に充当するほか、残された一部の土地（保留地）は、事業資金を確保するために売却をします。

土地区画整理事業の事業資金は、保留地の処分金のほか、公共側から支出される都市計画道路や公共施設等の整備費に相当する資金で構成されています。これらの資金を財源に、公共施設の工事、宅地の整地、家屋の移転補償等が行われます。

●売却手続きが長期化する理由とは

土地区画整理事業を進めるには、膨大な年月に加えて、該当事業地の土地建物の所有者、国や行政の関係者など多くの人の協力が必要です。事業によっては土地の所有者の合意や売却手続きが煩雑かつ中断することなどもあるため、すべての事業が完了するまでに30~40年の時間を要することもあります。それほどに忍耐の必要な事業なのです。

●区画整理地とは何か

まず区画整理地とは、国や政府、地方自治体が土地の区画を整理するために行う、土地区画整理事業において指定された土地のことを指します。当該事業地として指定された場合、所有者は基本的には土地の一部を、国や自治体に提供することが求められます。区画整理地の売却タイミングは土地区画整理事業の進捗に左右されますが、基本的には仮換地の指定以降に売却となります。

しかし指定地に居住するほか、貸借をしている場合、使用者の使用権利が優先されます。つまり使用者が、土地の提供を拒否した場合、土地区画整理事業地として活用することは難しくなります。

●仮換地とは

仮換地とはどういう状態かというと、将来換地にする予定の宅地を「仮換地」として指定して、一時的に使用収益できるようにしている状態のことです。換地になると、元の所有者から新所有者に権利がすべて移動します。なぜこのような段階的な措置が必要なのかというと、区画整理地は一度で全域の工事が完了するわけではないからです。工事は区画ごとに少しずつ行われるため、長期化することもあります。正式な換地として定められるのは、原則として区画整理地内全エリアの工事が完了したあとです。そのため先に区画整理の工事が終わった土地は、工事期間中、従前地でも換地でもない土地の扱いになります。しかし、土地は工事が完了して換地としての利用ができる状態であるため、その利用を促進するために仮の換地として定めることがあります。こうした土地のことを「仮換地」といいます。つまり、本格営業前の仮営業といった状態です。

以上の前提を踏まえたうえで、区画整理予定地に関する実際の事例を挙げます。

●扱いが難しい区画整理予定地で収益化に成功

Aさん：当主／Bさん：Aさんの長男

Aさんは80の土地と建物を所有しており、その5割である40の土地が土地区画整理事業地に指定をされています。ただし、所有する40の土地区画整理事業予定地は一団地ではなく、点在した形で所有していたため、予定地のうち、どの土地が換地化されるかが分かりかねる状況でした。土地区画整理事業地に指定をされたのは約30年前のことです。事業はまだ完了していません。これから先、事業完了まではまだ10年近く要しそうな事業の進捗状況でした。しかし、Aさんはすでにこの時点で80歳になっていました。区画整理事業が完了する前に他界する可能性もあります。

そこで、Aさんの長男であるBさんは、相続が発生する前に、所有する区画整理事業予定地を整理して、売却手続きをスムーズに進められるように準備することにしました。ところがいざ準備を始めてみると、思ったよりも複雑なハードルがあることに気づきます。

というのも、Aさんは従前地から、仮換地先に移転準備をしようとしたのですが、所有する土地の仮換地先は、使用収益がほとんどできなかったのです。

具体的なシチュエーションを交えながら説明します。Aさんはaという仮換地に移転をしたいのだけれど、aという土地はCさんが利用している。そのためCさんがどこか別の土地へ移転しない限り、Aさんは使用することができません。つまり、自分の土地でありながら使用することができないという、なんとも歯がゆい状況でした。土地区画整理事業は何十年と時間がかかるため、いつ終わりを迎えるか分かりません。そうなると、Aさんの土地はいつ使用収益ができるのかが分からないのです。

そこで、複数箇所に点在する所有地を使用収益できるようにするために、換地先のうち、どの土地が使用できるか、どの土地が使用できないのか、という情報をBさんとともに整理することから始めました。具体的には、bの土地の使用者に移転の交渉をして、隣接するcの土地とまとまった形で使用収益が可能になるのではないかという仮説を立て、仮換地先の使用者に移転交渉を繰り返すことと、点在する数々の土地をなるべくまとめるシミュレーションを行っていきました。それによって、将来Bさんが利用しやすい土地が増えるほか、将来的にも土地の有効活用を考えた際にできることの幅が広がるからです。

結果的に、区画整理事業中にAさんが他界し、Bさんが相続することになりました。つまり40の土地に対する相続税が発生したのです。Bさんが予想していたとおりです。Aさんが他界するまでの間に、点在していた仮換地をある程度まとまった大きさの土地に仕上げて使用収益が可能な状態にし、売却を済ませました。その売却金を元手に、Bさんは相続税を支払い、ことなきを得たのでした。

このケースは、一般的にそう多く起こり得る事例ではありません。しかし、自分の土地が区画整理事業に該当する可能性は誰にでもあり得ます。特に土地を多く所有する地主は必然的に可能性が高くなるので、本ケースはとても参考になると思います。

【解説】整理が難しい区画整理事業予定地を行政にアプローチするというアイデア

地主の所有する土地が、区画整理事業予定地に指定され、土地の提供をしなくてはならなくなった、という課題にぶつかった際、自分たちで解決するというのは至難の業です。ただ、なすがままの土地を上手に活用できていない状況から脱却することができます。

例えば使用収益が開始されるのはまだ20年先になるかもしれない土地があるとします。しかし相続が発生してしまい、売却して現金化しなくてはならない状況になりました。この売却想定地aが仮換地である場合、実は別所有地であるbを仮換地指定先に変更するという交渉ができるのです。仮換地指定先を別の場所に変更するとは、地主の所有する土地のなかで、当初土地区画整理事業に提供する予定だった土地を別の土地に変更するということです。

しかし多くの人がこのような情報を知りません。私は、区画整理組合の担当者にこうした交渉が可能なことを知っていたため、地主とともに組合に出向き、交渉をしたことがあります。

もし仮換地指定地を所有し、活用できないことに悩んで踏みとどまっている人がいたら、この情報を知るだけでも、次の第一歩につながります。

●20～30年先を見据えたコンサルティング

区画整理事業に該当する土地を所有する地主にとって、2つのポイントがあります。まず1つ、事業の完了は長い時間を要することです。そしてもう1つは、事業完了までの間に、土地の相続が発生する可能性があるということです。

どうしたらよいか分からない、自分にはあまり関係がない、すぐには相続にはならないから、急いで問題解決をする必要はないだろう、と関心を寄せない人が多いのが現実です。しかし人の一生など予測不能です。突然当主が他界する可能性もあります。そうなった際に、慌てて区画整理事業地の情報の整理をして、土地の選別を行うのでは遅いのです。

また、土地区画整理事業地は、一般の土地とは環境が異なるため、土地の価格算定が非常に難しいのです。なぜなら相続税評価の路線価が付されていないため、税務署に特定路線価を照会することから始めなくてはならないからです。したがって、土地区画整理事業地の価格算定は、通常の土地価格査定よりも大幅に時間がかかるのです。

なにごともことが起きてから動きだすより、事前準備と予備知識のインプットが必要です。自分たちが関係する区画整理事業地は、いずれ相続が発生して、ゴタゴタに巻き込まれる可能性もあるのだと認識しておくことです。

●区画整理予定地の売却タイミング

区画整理事業地を売却するタイミングは、「仮換地指定がされ、使用収益が開始されてから」もしくは「換地処分が行われてから」が適しています。なぜなら、区画整理の工事が予定されている土地は、新たに住宅などを建築することはできますが、建物をあとで取り壊すか移動しなくてはなりません。そのため仮換地指定前に土地を売却しようとしても、土地利用の制限があり、土地評価も低いため、購入希望者がつきにくいからです。

一方、仮換地指定がされ、使用収益が開始されたタイミングなら、今後その土地が換地になり、評価が上がる見込みがある点をアピールできるため、購入希望者も集まりやすく、売却しやすいといえます。ただし、不動産の登記自体は従前地であることや、土地面積が減少していることを、買い主に説明する必要があるので注意が必要です。また、換地完了時期はいつ頃になるのか、換地完了後に清算金が発生するのかなども、売り主側で明確にしておくことも大切です。

さらに、市場動向が変わらないという前提にはなりますが、換地処分によって、正式に「区画整理がされた新しい土地」となったタイミングで売却することが、最も高値で売却できる方法になります。区画整理予定地の購入を考えている方は、将来的に換地になることを見込んだうえで物件を探しています。土地区画整理事業における、最終的な権利変換となる、換地処分が行われてから売却したほうが権利関係でも混乱せずスムーズな取引ができるからです。ただし、区画整理事業は数年から数十年単位で行われる事業になるため、換地処分の決定時期を正確に予測するのは非常に困難です。実際は、予測より随分先になってしまうことも視野に入れなくてはなりません。事業の動向を注視しながらも、売り主から状況を常にヒアリングし、どのタイミングで売買するかを常に勘案することが大切です。

補足をすると、今回挙げた高齢の80歳の地主とその息子のケースは、相続のための納税資金を被相続人が亡くなる前に確保したいという目的があったため、仮換地中に売却を行っています。ベストな値付けであったかというと疑問は残ります。

●売却に伴うデメリット

区画整理事業地を売却するデメリットも当然あります。例えば、特殊事情がある土地を売らなくてはならないという場合、そもそも買ってもらえない可能性があるということです。特殊事情の土地とは所有者が使用している土地ではなく、所有者が誰かに貸借している土地のことを指します。

またこうした特殊事情の土地を買ってもらえるとなっても、思うような金額で妥結できる場合もあれば、想定にほど遠い金額の提示しか得られず交渉が決裂する場合もあります。実際には、特殊事情を鑑みて想定よりも安い価格設定で土地を譲ることになりがちなのが現実です。ビジネスにおける対価の交渉では、関係の強弱が価格に転嫁されがちだからです。

資産整理を行うスケジュールに余裕があれば、売却のタイミングについて熟慮することによって、比較的こうしたデメリットも薄まるのですが、急いで売却しなければいけないような場合、こうしたデメリットを避けて通るわけにはいきません。だからこそ、余裕をもった計画立案が肝心なのです。

●一括売却等は、専門業者の支援が有効

このように土地区画整理事業地の扱いは、一般の人にとっては非常に難しいケースです。しかし少しの予備知識をもっているか否かで、解決方法が変わってきます。特に一括売却の際は、事例で紹介したように、売却地や残留地の指定、使用者への条件交渉等、シミュレーションを立てる手腕が重要です。これらは通常の売買・仲介を行う不動産会社には難しい事案です。本書で紹介した事例やポイントを押さえながら、専門業者や特に高い不動産知識をもった業者に相談してみることが大切です。

PART 2

地域密着の不動産コンサルタントこそが その地域に暮らす地主を幸せにできる

地主に問われるリテラシー

地主は自分の資産に対して、どういう方向性をもって運用していくかを常に考えていくことが必要です。方向性とは、資産に対する向き合い方とも言い換えられます。それは、資産の現状維持が第一という「保守派」と、アグレッシブに運用したい「積極派」との2つに大別されます。

保守派の人は、資産のほとんどが先代から引き継いだ不動産です。農業や商店を本業としながら、実質的な収入はそれらの不動産による賃貸経営で得ている地主もいます。そうした人たちは、第一に土地は代々その家の者が受け継ぐべきだと考えており、引き継いだ土地を次の世代に引き渡すことに力を注いでいます。土地を活用して資産を増やすというよりは、相続対策や税金対策のために、便宜上土地や建物の賃貸業を行っている人が多くいます。お付き合いする地主、特に数億円以上の資産をもつ地主は、このタイプの方が多い印象です。ある地主は所有する土地が最大時で70カ所以上、総資産額は80億円を超えていました。固定資産税の納付のために所持する土地を少しずつ売却して生計を立ててきましたが、現段階でも50億円以上の資産が残っています。

一方、積極派の地主は土地を維持するだけでなく、利益を生みだしたいというビジネスライクな思考ももっています。さらに、新たに資産を増やすことにも前向きです。賃貸物件を所有する場合も稼働率や空室率などを考慮に入れながら満室を目指したクレバーな経営をしています。新規建設や建て替え、運用の変更をする際も、その土地の最有効使用や建設時の適切なタイミングなどを熟慮し、感覚や勢いで着手することはありません。じっくりと利益を生みだすタイミングを考えてから動いているのです。さらに、積極派の地主のなかには、所得税対策として資産運用のための不動産管理会社を自ら設立する人もいます。

どちらの向き合い方が正解だというものでもありません。土地を活用して収入を得るという点では同じだからです。ただ、心構えとして、どちらの方向性で資産を運用していくのかは、地主は常に考えておくべきです。なぜならば、不動産は子どものようなものだからです。子どもが健全に成長するためには、親を代表とする保護者が物質的、精神的両面でサポートし、温かく見守っていく必要があります。不動産も同様で、常に物質的、精神的サポートが不可欠です。物質的サポートは例えば賃貸物件の修繕や改築などの費用です。精神的サポートは、時代に適した運用方法や相続に対するケアなどです。つまり、放置していては健全な土地活用はできないということです。さらに分かりやすくいえば、その土地にお金を払う側の気持ちを考えてみるということです。更地であっても、草がぼうぼうであったら、高いお金を払いたいとは思いません。賃貸経営の場合においても、ボロボロのアパートに高い家賃を払って住みたいとは考えません。常に、自分が買うつもり、借りるつもりになって考えてみることが大切です。もし自分が不動産会社の人間なら、アパートの入居者なら、どうすれば魅力的な土地、物件に感じられるのかという観点で見つめてみるのです。そのように、主体的に土地や物件と関わることができれば、地主としてのリテラシーは高まっていきます。

不動産の相場を知る方法

健全な土地活用のためには、向き合い方だけでは足りません。不動産に対する一定以上の知識も必要となってきます。子育てにもある程度の知識が必要なのと同じです。ではどのような知識が必要なのか、具体的に紹介します。

まずは所有するエリアの不動産の相場を知ることです。不動産の相場を調べるには、大きく次の3つの方法があります。

・「実際の売買取引価格」から不動産相場を調べる
・「売り出し価格」から不動産相場を調べる
・「公的機関の調査した地価」から不動産相場を調べる

「実際の売買取引価格」を把握する手段は2つあります。国土交通大臣指定の公益財団法人が運営するレインズマーケットインフォメーションと国土交通省が提供する土地総合情報システムです。前者は売買を行う不動産会社から収集した取引データを基にした取引価格データベースです。後者は不動産購入者へのアンケート結果から収集して作成した取引価格データベースです。これらには、実際に売り出しの際に業者が提示した募集価格と、実際に購入した成約価格という違いがあります。レインズに登録した価格は募集価格（売り出し価格）と成約価格の両方を掲載することができますが、実際のところ募集価格のみの公開が多いです。

「売り出し価格」については、不動産売買や賃貸の物件検索サイトなどから把握することができます。これは地主や不動産業者に限らず、広く一般の人もインターネットで目にすることができるので、簡単に情報収集できます。ただし、物件検索サイトは、物件の取引が成約すると掲載情報が削除されてしまうため、過去の取引との比較をするのが難しいです。また建物の賃貸や売買の取引の情報が多く掲載されていますが、土地の取引に関しての情報はわずかです。

「公的機関の調査した地価」は、国土交通省が発表する土地総合情報サイトにて知ることができます。これは1年に一度行われる地価公示の調査結果が反映されています。地価公示は、日本国土すべての土地にポイントがあるわけではありません。全国各地の指定された約2万地点の地価が示されています。そのため、自分が所有する土地が該当しない場合は、最も近い地価公示地の価格を参照する必要があります。

不動産価格の相場を知ったら、次に把握しておきたいのは、土地や建物の維持管理にどのくらいの費用が発生するかということです。管理費用が発生する局面は、主に3つあります。資産の購入、資産の維持管理、資産の売却です。それぞれの局面では、主に次のような費用が発生します。

- 不動産取得税、登録免許税
- 司法書士報酬
- 売り主からの清算金
- ローン事務手数料

・ローン保証料
・団体信用生命保険料
・火災・地震のための損害保険料
・固定資産税、都市計画税
・相続税
・修繕費、長期修繕積立金
・共用部の光熱費や定期清掃費
・退去後の原状回復費
・（管理会社へ依頼する場合）不動産会社への広告料や賃貸管理料

このなかで、特に地主が見落としがちなのは長期にわたる修繕積立金です。建物の維持管理費のうち、共用部の光熱費や定期清掃費や退去後の原状回復費、修繕費などはある意味日常的にかかるものです。そのため意識することが多いのですが、長期修繕積立金は20年以上を経過した場合の設備の更新や建て替えなどを検討するためのものです。よってまだ先のことだと思い、後回しにする地主が多いのです。しかしいざというときに、この長期修繕積立金がないと、設備の更新や建て替えが難しくなります。特に金額の大きな費用項目なので、なるべく早めに検討しておくべきです。

建物の構造に対する知識

地主として建物を賃貸管理するには、建物の基本的な知識も必要です。特に構造や工法に関するものは重要です。

一般的な賃貸住宅の建物構造は、主に木造（W造）、鉄骨造（S造）、鉄筋コンクリート造（RC造）の3種類があります。建築費については、木造がいちばん低コストです。その次に鉄骨造、鉄筋コンクリート造の順でコストが高くなります。地主としては建築費が低いほうが初期費用を抑えられるのでうれしいでしょうが、その分構造は弱くなり、耐用年数も下がるため、長期にわたって建物を維持するのには向いていません。建物がどのような用途なのかによって、適した構造は変わってきます。

例えば木造は主に木材を使用しています。木材には水分を吸収、発散して一定の湿度を保つ調湿効果があり、さらに通気性も高いため、カビや結露の発生を防ぐことができます。一方耐用年数が低いため、強度や耐久性が劣る点はデメリットです。荷重の多い物流倉庫や、高さのある高層ビルなどには向いていません。

鉄筋コンクリート造は、熱に弱く錆びやすい一方で、引張力の強い鉄筋と、熱に強いものの引張力の弱いコンクリートを一緒に使うことで、それぞれの弱点を補った強固な材料となっています。木造よりも耐久性や耐震性が優れており、耐火性に優れたコンクリートで覆われているうえに、気密性の高さもあります。しかし、木造と異なり、建築コストが高くなるのがデメリットです。そのため事業規模が大きく、収入も多く得ることができるマンションや、賃貸ビルに適しています。

このように用途と構造は、適した関係を押さえて適宜判断していくことが望ましいといえます。そのために地主は構造の違いについても押さえておくべきなのです。

融資の知識

隣地が売りに出された、現在所有する土地にアパートを建てたいといった場合、現金が手元になければ銀行で融資を受けることになります。融資の基準は銀行ごとに異なりますが、基本的には世帯年収や金融資産、借入状況で決まります。それらを基に銀行が審査します。実際にいくら融資してもらえるかは、銀行に相談をするしかありません。ポイントとなるのは不動産の担保評価です。融資の担保となる不動産の価格が高いほど、融資額も多くなるからです。銀行が不動産の担保評価を算出するには次の方法を用います。土地の評価方法と建物の評価方法では異なります。

土地の評価方法：路線価や公示地価・基準地価を使って算出

図表 20　公示地価・基準地価・路線価の違い

	公示地価	基準地価	路線価
調査主体	国（国土交通省土地鑑定委員会）	都道府県	国税庁
価格の決め方	1地点につき不動産鑑定士2名以上による鑑定評価をもとに決める	1地点につき不動産鑑定士1名以上による鑑定評価をもとに決める	公示地価や売買実例価格、不動産鑑定士等による鑑定評価額などをもとに決める
評価時期	毎年1月1日時点	毎年7月1日時点	毎年1月1日時点
発表時期	毎年3月下旬	毎年9月下旬	毎年7月1日
調査地点	「標準値」1㎡当たりの価格	「基準値」1㎡当たりの価格	路線（道路）に面する土地の1㎡当たりの価格

出典：不動産・住宅サイト suumo「土地の購入価格・お金」

建物の評価方法：積算法と収益還元法
土地の評価方法は、主に路線価や公示地価・基準地価を使って算出されます。路線価と公示地価・基準地価はそれぞれ評価する機関や評価時期などが異なります。

路線価は基本的に相続税や贈与税などの税金計算のために使用する指標であり、国税庁が公表しています。実勢価格である時価と乖離しているケースが少なくありません。路線価はその名のとおり、土地が接する道路から、地価を算出します。一方、時価は資産を購入する人の需要やトレンドによっても左右されます。ただこうしたトレンドは一時的な可能性もあり、そのような要素を税金の計算に利用してしまえば、かなりの不公平が生じてしまいます。そのため税金算出には路線価という指標を利用しているのです。ゆえに時価と路線価は乖離がある状態で運用しています。

そして公示地価・基準地価は、それぞれ国土交通省・各都道府県が公表している指標です。基準価格は、公示地価の調査地点とはほぼ重ならない地点を選んで都道府県が調査し公示している価格です。しかし、こちらも不動産鑑定士が査定する予測価格なので時価に等しいとは限らず、乖離する可能性が考えられます。

建物の評価方法には、積算法と収益還元法（建物残余法）の2種類があります。まず積算法について説明をしていきます。積算法は、建物の再調達価格や法定耐用年数などを考慮して評価する方法です。計算式にすると次のような形になります。

建物の積算価格＝再調達価格×（残存年数÷法定耐用年数）

再調達価格とは、価格を算定する時点において、もう一度土地や建物を調達することを仮定した場合に、いったいいくらの価格になるのかと割りだした、適正な原価のことです。新築や新規調達した場合から、価格を算定する時点というのは年数が経過していま す。今新しく建物を調達すると世のトレンドから価格が変化している可能性があります。ゆえに、今のトレンドにてこの建物を調達したらいくらになるのか算定し直すのです。

建物の法定耐用年数は建物の用途や構造ごとに基準が定められており、木造は22年、鉄骨造・鉄筋コンクリート造は47年と、構造のグレードが上がるほど耐用年数が上がっていきます。また、残存年数とは法定耐用年数から築年数を引いた数値のことです。現時点で法的な耐用年数から経過年数を引いた、残りがどの程度法的根拠に基づいて使用できるかどうかを割りだした年数です。なお、法定耐用年数を経過しても実際には使用している建物は存在します。というのも、法定耐用年数は、あくまで税法上で決められた年数だからです。

収益還元法は、不動産の収益性に着目した評価方法です。基本的には土地と建物一体の収益性から導きだす手法です。その手法の一つとして、土地のみ・建物のみの収益を導きだす方法もあります。なかでも建物の収益のみを導きだす場合の手法は建物残余法と呼ばれています。

建物残余法は、土地と建物等から構成される複合不動産が生みだす純収益を土地および建物等に適正に配分することができる場合に有効です。建物残余法を適用して建物等の収益価格を求める場合は、基本的に不動産評価基準にのっとった算出式に基づいて価値の計算がされます。

お付き合いするパートナー選びも大切

オーナー自身が事業を行っているという意識を常にもち続けることは大事です。しかし、何でも自分でやろうとすると、あとあと苦しくなります。例えば、自分が所有する物件がずっと賃貸されるためには、適切なリフォームや思い切った修繕も必要になります。しかしそのタイミングの判断や資金繰りなどは、到底素人の手に負えるものではありません。

時には専門事業者の力を借りることも大切です。プロの力を活かして円滑な運営を行いながら、要所要所で地主として必要な決断をしていくことがポイントになります。その際に大事になってくるのが信頼できるパートナー選びです。相談先として最有力なのは、セミナーを開催しているような事業会社です。わざわざセミナーを開くほどですから、おのおの得意分野や特長があるわけです。そのためには、まずはセミナーに足を運んでみるのが得策です。

そして、地元で長らく営業している不動産会社は、表には出てこない隠れた情報などにも精通している場合が多いものです。そうした業者と何度も対話して、信頼できる会社か判断してください。不動産のパートナーは一生のパートナーです。ぜひ慎重に選んでいただければと思います。

不動産売買賃貸仲介業者と不動産コンサルタントは違う

私の職業は不動産コンサルタントであり、よく聞く不動産売買賃貸仲介業者とどう違うのでしょうか。どちらも不動産を扱うという点では似ています。しかし、実はその目的もやることもまったく異なります。不動産売買賃貸仲介業者は、部屋を借りるときや家やマンションを購入するときに何度か会ったことがある人も多いと思います。一方、不動産コンサルタントに出会ったことがある人はあまりいないと思います。だからその実態は一般の人には不明です。そのため、何か怪しい仕事をしているのではないか、土地を安く買いたたく、あるいは高く売りつけられるのではないか、そんなイメージをもっている人も多いかもしれません。そこで、私たち不動産コンサルタントの仕事や、私のこれまでの経歴などについて、詳しく紹介していきます。

不動産売買賃貸仲介業者の仕事

不動産売買賃貸仲介業は、不動産取引の契約を仲立ちするのが仕事です。簡単にいえば不動産会社です。ほとんどの依頼者は、不動産を購入したい、不動産を売りたい、賃貸住宅を借りたいといったニーズがあるときに不動産会社を訪れます。つまり、やりたいことが決まっている、あるいはすでに実行したい内容がある人が、希望する内容を実行するために駆け込む場所、それが不動産売買賃貸仲介業者です。

不動産コンサルタントの仕事

一方、不動産コンサルティング業は、不動産に関する疑問や悩みごとなどの相談を引き受ける仕事です。依頼者はこの土地をどのように活用するのが良いだろうか、不動産投資を始めたいけれど具体的には何をすれば良いのだろうかといった不動産にまつわる相談ごとを不動産会社にもちかけ、コンサルティング担当のスタッフ、すなわち不動産コンサルタントが依頼者の状況に応じてさまざまなアドバイスを行います。こう書くと、不動産会社の一スタッフと思うかもしれませんが、不動産コンサルティングの専門企業もありますし、不動産鑑定会社などでも業務として行われるほか、独立してフリーの不動産コンサルタントとして活躍している人もいます。いわば、不動産に関するスペシャリストです。

そもそもなぜ不動産コンサルタントが必要なのか

そもそも、なぜ不動産コンサルタントが必要なのか。地主は資産の購入や売却・活用方法に悩みがちです。法律やお金の知識が必要な場面も多いため、よく調べずに取引を進めてしまうと失敗するケースが少なくありません。そういう経験がある人、あるいはそういう話を聞いたことがあるために、「資産活用のために不動産を購入したいけれど、難しくて不安だ」という、漠然とした不安から踏み切れない人もたくさんいます。不動産コンサルタントは、そうした人たちが安心して不動産活用の一歩を踏みだせるように、その背中を押すことを大切にしています。ですので、こちらからあれこれアドバイスをすることはありません。実際にコンサルティング業務を行うのは、相談を受けてからです。頼んでもいないのに、無理に土地を買わせたり、売らせたりしようという自称不動産コンサルタントがいたら、怪しんでかかってください。

不動産のPCAを回すプロ

私たち不動産コンサルタントは、顧客から相談を受けたら、提案・実施のサポート・連携を行います。ビジネス用語としてよく聞くＰＤＣＡの「ＰＣＡ」の部分をサポートすると思っていただいて結構です。Ｐの部分に該当する内容が「提案」です。資産の取得、管理、処分、経営といった困りごとに対してコンサルタントが改善の提案をします。提案の内容を基に実行（Ｄの部分）するのは地主です。ここは地主本人にやっていただくほかありません。もちろん、私たち不動産コンサルタントが責任をもってサポートします。ＣＡの部分に該当する調査・確認・改善は、不動産コンサルタントが主となり、資格をもった専門家（例えば不動産鑑定士や税理士、弁護士など）と連携して対応をしていきます。この調査には、不動産そのものの調査だけでなく、商業的な調査も行います。例えば不動産の立地や商圏や特性、市場などを調査し、外部の不動産データを活用したうえで分析する業務などが挙げられます。また、相続税に関するコンサルティングや、資産全体の運用、修繕管理に関する計画の提案なども該当します。このように、一つの不動産活用案件を通じて、より良い活用のサイクルを回していくのが、不動産コンサルタントの役割です。

不動産コンサルタントには、全国展開しているような大手不動産会社に所属する場合と、地域密着の不動産会社に属する、あるいは地域で活動している場合もあります。どちらにもメリットとデメリットがあり、地主やその土地の内容によって選択すべき相手が異なります。ですので、それぞれの特徴を知っておき、自分だったらどちらと付き合うのが良いのか考えてみることが大切です。

大手不動産会社のメリットとデメリット

大手不動産会社は、広範囲に複数の店舗があるため、エリアをまたいで物件探しをできることが第一のメリットです。その不動産会社のイメージカラーで統一されており、駅前など目立つ場所に店舗があるので、見つけやすいのも特長の一つです。また、情報の収集能力が大きいこともメリットとして挙げられます。さらに、大手は資金力があるため、広告戦略をしっかりと行っています。チラシなども一定エリアに集中投下するなど、徹底しています。そのため、知名度が非常に高く、不動産を購入したい、不動産を売りたい、それぞれの情報が自然と集まってきます。また、顧客心理から「とりあえず大手に頼もう」という人が多く、その結果、取り扱う案件も増える傾向があります。そうすると、さまざまな情報が蓄積されていくのです。さらに大手はスタッフが多く、組織的な対応ができることが強みです。

一方で、大手不動産会社には2つの大きなデメリットがあります。まず、基本的に主要駅にしか店舗がないということです。フランチャイズ展開している不動産会社であれば、主要駅以外にも店舗はありますが、当然その数は限られます。そのため、自分の住む地域の不動産について相談しようと思っても、肝心の店がないということもあり得ます。

言い換えれば、地域の情報に精通しきれないということです。売上効率を考えると、どうしても大きなエリアを中心に目を向けざるを得ませんし、特に大手不動産業者の担当者は、転勤や退職などで人材の入れ替えが激しいのが普通です。その結果、情報がうまく共有されていないことがほとんどです。

実際の不動産の売買取得、運用は、その地域や土地の歴史、地元の評判など、データベースにはない情報や知識も必要です。例えば、その土地は以前はどういう土地だったのか、近所にはどんなお店があって、どんな人が住んでいるのかといった、生活に密着した情報です。そういう部分が、実は地主の背中を押すのですが、その点、大手の不動産コンサルタントは自分の担当する営業範囲が広過ぎるため、地元情報に弱いケースが散見されます。

地域密着企業のメリットとデメリット

地域密着型の不動産コンサルタントにはどんなメリットとデメリットがあるでしょうか。地域密着型の不動産会社は、全国的な知名度こそありませんが、大手企業にはないメリットが存在します。まず、街の情勢や地理、歴史に詳しいということです。地域密着型の不動産会社は、その地で長年営業していることが多く、地域情報に精通しています。治安や周辺環境、街の歴史や、過去に起きた災害、土壌の状況から、果ては地権者の権利関係相関図など、そのエリアに関するさまざまな情報を総合的に知っています。特に地権者の権利関係相関図まで知っているというのは、その地域の地主や大家と長年の付き合いがある証拠です。

そして何より、地域密着型の不動産会社は、スタッフの転勤や部署異動、店舗間での異動などがほとんど発生しません。不動産コンサルタントも退職をしない限りほぼ同じ店舗にいるため、相談ごとや悩みごとをいつでも話すことができます。これは非常に安心感があると思います。

一方、デメリットもあります。地域密着型不動産コンサルタント、ひいては地域密着型不動産会社の一番のデメリットは、広告を投じにくいということです。やはり大手企業と比較すると予算が少ないので、広告の量が少なくなります。例えば土地を売りだすときも、認知されるのに時間がかかる可能性はあります。また、多店舗展開していないため、得意とするエリアに制限があります。そのため、得意なエリア以外の情報については、あまり詳しくないというデメリットがあります。

「広く浅く」か「狭く深く」なのか

大手と地域密着型のメリットとデメリットを整理すると、大手は情報や行動に対して「広く浅く」であり、地域密着型は「狭く深く」ということになります。どちらが良くて、どちらが悪いということはありません。例えば賃貸アパートの部屋を探したい、新居を探したいというのなら、大手不動産会社である程度広範囲な情報から物件を探していくのも正解ですし、もし決まった場所があるのなら地域密着型の不動産会社に直接足を運ぶのも掘り出し物を探すチャンスです。しかし、不動産を所有し、活用したいという地主にとっては、地域密着型の不動産コンサルタントのほうが向いています。

地域に根を下ろす地主には、地域密着企業が向いている

資産規模の大きい地主、特に5億円以上の資産を有する地主は、同一地域内に複数の資産を有するケースがほとんどです。これまでお付き合いした地主のなかには、マンションや、駐車場、アパートなど50近い資産をもつ人もいました。そうした資産に何が起きるかというと「共食い」です。自分の所有する不動産同士が競合となり、客を奪い合う状況が起きてしまうのです。

このような状況だと、コンサルタントとしては個別の事情を鑑みたうえで改善の提案をする必要がありますが、大手企業の不動産コンサルタントの場合、個別の事情を含めて提案をするのはなかなか難しいのです。というのも、個別の事情まで考慮してじっくり内容を整理し提案するのは非常に手間がかかりますが、前記のとおり大手不動産会社は配置換

えや転勤が多くあります。どうしても個別の案件の知識に乏しく、一般的な不動産売買のシナリオに当てはめざるを得なくなります。その結果、とんでもない結果に陥った事例があります。

ある空き家の運用に困っていた地主が、大手不動産コンサルタントの提案どおり、更地に別の建物を建築しました。ところが、このことによって資産の収支がマイナスになってしまったのです。理由は別の用途に変更したことで、賃料単価が安くなってしまったこと、さらに需要のない建物に建て替えた結果、入居率が著しく下がったからです。その土地や周囲の個別事情を鑑みず安易に取り組むと、顧客に大きな損害を与えることもあるのです。

理解をするために家族にも密着している

地域密着の不動産会社、不動産コンサルタントは、その土地に長く根ざして活動をしています。なかには10～20年近くも地域一筋で担当している人も少なくありません。これだけ長く地主と付き合っていると、その地主の曾祖父母からひ孫まで、世代を超えた付き合いになることも多々あります。そのように、不動産コンサルタントが地域内の地主のもとへ足しげく通っていると、だんだんとその周辺の方々に顔を覚えられます。「この人見たことがあるぞ」「この人の話なんとなく聞いたことがあるぞ」というシチュエーションになれば、話に耳を傾けてもらいやすくなります。

地域に寄り添い、顔の知れる関係になると、安心感にもつながります。コンサルティングの仕事は今すぐ結果が出るものではないし、地主もそう簡単には心を許しません。土地売買や活用はそんな軽いものではないからです。だからこそ、お互いの信頼関係をつくり上げることは簡単なことではありません。必要なのは日々の小さな積み重ねです。例えば、お茶をいただきながら日頃の悩みごとや人生の晴れの出来事を聞いたり、時には私たちからお中元お歳暮を届けに行ったり、セミナーのご案内をしたり、そうした緩やかな付き合いを何年も続けているのです。それぐらい息の長い付き合いでなければ、地域の地主に寄り添い、その人生に伴走することはできません。

失敗から得た、自分たちだからできるということ

私が今のように地域に目を向けるようになったのは、ある失敗が原因です。今から20年ほど前のことです。実は当時、エンドユーザー向けの売買仲介も行っていました。チラシまきや野立て看板の掲示など、大手と張り合いながら広告を打って、エンドユーザーの獲

得を目指したのですが、結局は資本力に勝る大手不動産企業に勝つことができなかったのです。

こうした失敗を経て、私たちの良さとは何だろうと真剣に考えました。たどり着いた答えは「地主とつながっている」ということでした。以前から賃貸管理をしていたため、地主とのつながりがありました。地主のご自宅に上がって話し込む、そういう関係性があったわけです。このときに、大手にはできないことをすでにやっていたのです。その関係を活かして、さらに深く立ち入って、困りごとについて聞いていくと、出てきたのは「節税や事業承継、相続について本当は困っているけど、どこに相談すればいいのか分からない」という地主の本音でした。そのとき、私がすべきことはこれだと確信したのです。

大手企業は、このような地主の困りごとには手をつけられません。あまりにも複雑かつ手間がかかるからです。しかし地域密着型ならできます。いや、地域に精通した不動産会社だからこそ、こうしたことに全力で取り組んでいくべきだと気づいたのです。そこから地域密着型の総合不動産コンサルティング企業としての道を歩み始めました。

そして今でも、地主の長期的な幸せを願って、地主の困りごとの解決に一生懸命取り組んでいます。そうしたことを積み重ねていくと、また別の悩みを聞かせてくれます。そうやって地主とコンサルタント、互いの関係を強固にしているのです。

エピローグ

まるで町医者のように

これからは地主にとっては受難の時代となります。国内での人口減少が著しく、総人口は2008年の1億2808万人を頂点に減少の一途をたどっています。人口の減少により、不動産の賃貸、活用に対する需要にもマイナスの影響が及んできます。需要がなくなれば、売買の際も高値では取引されなくなるどころか、場合によっては売却することも難しくなってくるのです。

特に相続対策については、超高齢社会がますます加速していくことが想定され、相続人も被相続人も高齢化していくことを考えると、非常に悩ましき問題です。

とはいえ、相続税を納税している人は、実は全国でも8％程度です。残りの92％の人は、相続税を払う基準に満たないため相続税を払っていません。相続税は、遺産の総額が3600万円以下なら無税です。ただしこれは、法定相続人が1人のときの話です。相続税の基礎控除額は3000万円＋600万円×法定相続人の数で計算します。以降、法定相続人が1人増えるごとに600万円ずつ加算されます。法定相続人が2人なら4200万円、3人なら4800万円と基礎控除額も増えていくので、正味の遺産額がその金額内に収まるのであれば、やはり相続税はかかりません。だから、実際相続税を支払っているのは8％程度なのです。

しかし相続税を払うにしても払わないにしても、なんらかの資産、つまりバトンを次世代に渡すという行為は、多くの人たちにとって必ず訪れるライフイベントです。これは、自分だけで勝手に済ませられるものではありません。家族や親戚など関係者全員が一致団結し、決断をしないといけません。この決断には、多くの時間と根気が必要です。だからこそ事前対策が大切なのです。

旧来日本の社会は家制度によって成り立っていました。これは江戸時代に発達した武士階級の家族制度を基にし、1898年に民法で規定されたものです。昭和に入り、戦後の民法改正でこの家制度は廃止されました。しかし不動産の承継においては、今も慣習として「家」という意識が根強く残っています。代々の土地は長男が受け継ぐべきだという考えはまさに象徴的です。そうしたなかでも、当事者の意識は少しずつ変わってきています。例えば、今から15年ほど前なら、相続の話を地主にすると、「俺の目がまだ黒いうちに、そんな死んだあとの話をするな！」とお叱りを受けたものです。ですが最近は「相続対策どうしましょうか？」と提案をしても、「そうだねえ」と温厚に話を続けてくれるようになりました。相続対策について、きちんと話し合える時代になったといえます。

それでも、まだまだ日本では、自分のもっている資産について情報をオープンにすることは勇気のいることです。アメリカでは「良い医者、良い弁護士、良い不動産屋と付き合え」といわれています。それが成功のもとだともいわれています。健康、法律、土地、それらは豊かな生活に欠かせない基盤だという認識が社会に浸透しているからです。したがって、アメリカでは不動産会社や不動産に関わる者の社会的地位も高い位置にありました。ところが日本だと、不動産業者をうさんくさく感じる人が多いせいか、以前は地上げ屋、ブローカーなどと蔑まれた時代もありました。しかし、そうした時代も過去のものとなりつつあります。多くの人たちが、トラブルが起きる可能性のある土地をいち早く整理する手伝いをしてくれるパートナーと見てくれるようになっています。

超高齢社会のこれからは、ますますこのような不動産パートナーの存在が際立ってくるはずです。例えば、地主が高齢者となり、認知症になってしまうこともあります。その場合、成年後見制度の煩雑さから、資産の移動は難しくなります。そうなる前に、土地整理や活用の手当てをしておくことが、ますます重要になってくるのです。つまり、資産について手当てすることは、自分の体の調子が悪いときに、町医者に診てもらうのと同じです。それは早ければ早いに越したことはありません。大事にならなくてよかったね、そう家族で言い合えることが大事なのです。

私は、そんな町医者のような存在でありたいと考えています。大学病院のような大手術はできませんが、ちょっとした小さな異変でも見つけだす自信があります。なぜなら患者、つまり地主と最も近い存在だからです。日頃のお付き合いによって、小さな変化も見逃さず、その都度細かくアドバイスする、そうした役割を担っていきたいと考えています。

本書を読んだ皆さんも、ぜひ自分の地域で「土地の町医者」を見つけてください。「ご様子いかがですか？」と気さくに声をかけてくれるパートナーを見つけることができれば、きっとあなたの土地も幸せに活用できるはずです。

最後に、本書を執筆するにあたり、中澤勝巳氏、谷澤愛之氏、小沼大介氏には事例における情報収集などで大いにお世話になりました。

地元密着型の不動産コンサルタントとして我が社で20年以上にわたり活躍してくれているこの3人なくしては今回の出版を成し得ることはできませんでした。この場を借りて心より感謝申し上げます。

【著者プロフィール】
小山陽一郎（こやま ようういちろう）

1969年埼玉県さいたま市生まれ。

明治大学商学部卒業後、電鉄系不動産会社に就職。その後さいたま市で父が経営する地域密着の株式会社大和不動産に入社する。賃貸仲介・賃貸管理・売買仲介・コンサル等の部署を経験し、2010年には埼玉県経営品質賞知事賞を受賞。社内改革の推進にも努め、同年、代表取締役社長に就任。地主の悩みごとに寄り添い、ともに問題解決を図っている。

本書についての
ご意見・ご感想はコチラ

地主必見！
9つのケーススタディで学ぶ
土地のお悩み解決メソッド

2023年10月15日　第1刷発行

著　者　　小山陽一郎
発行人　　久保田貴幸

発行元　　株式会社 幻冬舎メディアコンサルティング
〒151-0051　東京都渋谷区千駄ヶ谷4-9-7
電話　03-5411-6440（編集）

発売元　　株式会社 幻冬舎
〒151-0051　東京都渋谷区千駄ヶ谷4-9-7
電話　03-5411-6222（営業）

印刷・製本　中央精版印刷株式会社
装　丁　　村上次郎

検印廃止

Printed in Japan
ISBN 978-4-344-94723-8 C0033
幻冬舎メディアコンサルティングＨＰ
https://www.gentosha-mc.com/